写给孩子的中国名人传

给孩子看的李白传

王乃昌　何红雨　著

四川少年儿童出版社

图书在版编目（CIP）数据

给孩子看的李白传 / 王乃昌，何红雨著. -- 成都：四川少年儿童出版社，2023.6（2024.6重印）
ISBN 978-7-5728-1125-8

Ⅰ.①给… Ⅱ.①王… ②何… Ⅲ.①李白（701-762）—传记—少儿读物 Ⅳ.①K825.6-49

中国国家版本馆 CIP 数据核字（2023）第 082643 号

出 版 人　余　兰

策　　划　书香力扬
责任编辑　黄　政
封面设计　刘　亮
书籍设计　书香力扬
技术设计　黄　政
责任校对　王默志
责任印制　袁学团

GEI HAIZI KANDE LIBAIZHUAN

书　　名	给孩子看的李白传
作　　者	王乃昌　何红雨
绘　　画	谭　笑
出　　版	四川少年儿童出版社
地　　址	成都市锦江区三色路 238 号
网　　址	http://www.sccph.com.cn
网　　店	http://shop.sccph.com.cn
经　　销	新华书店
排　　版	书香力扬
印　　刷	四川省东和印务有限责任公司
成品尺寸	230mm×165mm
开　　本	16
印　　张	12
字　　数	240 千
版　　次	2023 年 6 月第 1 版
印　　次	2024 年 6 月第 5 次印刷
书　　号	978-7-5728-1125-8
定　　价	30.00 元

《写给孩子的中国名人传》编委会

主　　编　林　强

副 主 编　刘晓军　陈冠夫

编委会成员（以姓氏笔画为序）

　　　　　王　聪（成都龙泉驿柏合学校校长）
　　　　　王　燕（成都新华路小学校长）
　　　　　王　鑫（成都青羊区清波小学副校长）
　　　　　田　慧（简阳市射洪坝水东小学校长）
　　　　　刘　伟（四川省校园文学艺术发展促进会秘书长）
　　　　　刘芳菲（成都双眼井小学校长）
　　　　　何天明（眉山天府新区青龙小学校长）
　　　　　何文轲（绵阳北川永昌实验学校校长）
　　　　　张胜兵（成都天府新区永兴小学校长）
　　　　　陈　庆（彭山实验小学校长）
　　　　　陈　岳（成都市国学推广公益大使）
　　　　　罗　勇（眉山苏南小学校长）
　　　　　周晓华（彭山第四小学校长）
　　　　　彭　英（成都市泡桐树小学语文教研组大组长）

编辑部成员　赵娟　许甜甜　张露

―― 主 编 ――

林 强

　　从事教育工作四十余年，曾获得全国优秀教育工作者、全国德艺双馨文艺工作者称号。现任中国中学生体育协会副主席，兼任多所大学教授。

　　曾获中国摄影金像奖。2007年，中国文联和中国摄影家协会首次在人民大会堂举办他的个人纪实摄影展。报告文学《生命的召唤》获川观文学奖，散文作品《在那遥远的地方》被评为首届全国优秀图书，摄影作品被国内外多家博物馆和美术馆收藏。

―― 副主编 ――

刘晓军

　　四川省教育学会小学语文教学专业委员会理事长，省教科院小学语文教研员，特级教师，省人社厅专家服务团成员，省名师工作室领衔人。致力于多样态阅读、习作教学、口语交际、儿童文学创作等研究，向往一切与语用、情感和创造有关的诗意浪漫。

陈冠夫

　　博士，正高级教师，政协四川省第十三届委员，四川省首届教书育人名师，四川省陈冠夫鼎兴名师工作室主持人，特级教师。

CONTENTS

目录

第一章　大匡山里的翩翩少年郎　　/ 001

第二章　仗剑去国，辞亲远游　　/ 006

第三章　初出茅庐，干谒其才　　/ 009

第四章　初入职场，困于蝼蚁　　/ 015

第五章　重整行囊，再上征途　　/ 018

第六章　仰天大笑出门去　　/ 084

第七章　"金龟换酒"留美谈　　/ 088

第八章　终于见到你　　/ 095

第九章　其实你不懂我的心　　/ 099

第十章　此靴一脱天下知　　/ 106

第十一章　酒中八仙人　　/ 112

第十二章　离理想最近的时候　　/ 116

第十三章	月光下，一个人的酒局	/120
第十四章	世界那么大，我想去看看	/124
第十五章	两个巨星的相遇	/128
第十六章	潜心修道，认真炼丹	/135
第十七章	梦游天姥，再次启程	/138
第十八章	长安不见，愁煞谪仙	/143
第十九章	唐朝日衰，漫游幽州	/148
第二十章	游至宣城，独坐敬亭	/154
第二十一章	战火离乱，诗酒漂泊	/157
第二十二章	流离失所，逃难庐山	/162
第二十三章	永王三顾，误上贼船	/167
第二十四章	锒铛入狱，众人相助	/171
第二十五章	流放夜郎，一路感伤	/174
第二十六章	泛舟洞庭，谪仙归去	/177

第一章

大匡山里的翩翩少年郎

这是一份潇洒肆意的人生简历。故事要从一千多年前的那个晚上说起。

公元701年二月的一个晚上，李客在院子里踱来踱去，时而举头望天，时而低首沉思。他的第十二个孩子即将出生。天空星光闪烁，颇为壮观。李客冥思苦想，苦恼的是给自己即将出生的孩子起名的问题。

卧室里，妻子辗转难眠，对即将出生的孩子充满憧憬。恍恍惚惚之中，她梦到天空中繁星点点，其中有一颗星特别明亮，闪烁耀眼，原来是太白星，正想仔细看时，那颗星却从天而降，直入怀中，她顿时醒了。

妻子把所梦之事告诉了李客，李客大喜，认为这是天降祥瑞，是上天给的暗示，此子将来必大有作为。遂决定为其取名为李白，成年后的字为太白。孰知，李白小的时候非常贪玩，是"调皮捣蛋鬼"。他喜欢上树掏鸟窝，下河捉鱼虾，就是不喜欢读书。

一天，小李白来到河边玩，看见一个白发老奶奶在磨一根铁棒。他很好奇，就问："您这是做什么呢？"老奶奶说："我在磨缝衣服的针。"小李白感到很惊讶："这么粗的铁棒，什么时候才能磨成针啊？"

"只要我不停地磨，早晚会磨成针的。"

这就是我们熟知的"铁杵成针"的故事。李白被老奶奶的回答和她坚定的态度感动了，他想：只要我有恒心，一定会成为一个有用之才。于是他改掉贪玩的毛病，认真读起书来。

从此李白的学习成绩直线上升，成了妥妥的小学霸一枚！"五岁诵六甲，十岁观百家。""六甲"是唐朝的小学课本，5岁左右的李白就能熟读成诵。"百家"指法家、儒家、阴阳家、墨家、纵横家等各个思想流派。这些思想流派的代表著作很多人看了都会觉得头痛,李白却看得津津有味。他逐渐成为大家羡慕的"别人家的孩子"。

5岁以后,李白和家人一起居住在青莲乡(今四川省江油市青莲镇)。青莲乡山清水秀,有云蒸霞蔚的漫波渡,有"飞泉挂碧峰"的戴天山,目之所及,皆是美景。在青山绿水怀抱中长大的李白,每天用功读书、练剑,逐渐形成了浪漫、豪爽、热爱自由的性格。

"十五观奇书,作赋凌相如。"这是李白写给一位叫张镐的宰相的诗,意思是他15岁时就读了很多书,所写的文章比西汉的司

马相如[①]都好。司马相如是蜀中文化名人,著名文学家,李白对他很是敬仰。

小有名气的李白也有了名人的烦恼:总有人来找他要签名、请他去指导自己家的小孩等。这些琐碎杂事严重影响了他的生活,尤其是占用了他读书学习的时间,他可不想把大好时光浪费在迎来送往上。他知道做学问要花工夫,要持之以恒、日积月累,自己还需要多读书,以后才能实现治国平天下的梦想。

离家不远的大匡山风景优美、环境幽静,适合读书。18岁时,李白征得父母同意,搬到大匡山居住。小小年纪就那么独立,给小李白点个赞。

在大匡山,李白勤奋刻苦,遍读百家之书,学习大有长进。"读万卷书,行万里路",他一边读书,一边游山玩水。

他偶尔为街头市井的风景驻足,偶尔因高山流水的妙境停留;或者在晨光初照、山花烂漫之际登上山顶,看看是否伸手就能触摸到天边的云;或者在晚霞伴随炊烟降落之时,采一抹斜阳,看着一群群倦鸟返巢。

① 司马相如(约前179年—前118年):字长卿,西汉著名辞赋家。其作品辞藻华丽,结构宏大,后人称其为"赋圣"和"辞宗"。被历代大文豪如李白、杜甫等写在无数作品里广为传唱。代表作《子虚赋》。

在旅行途中，李白遇到了生命中一个很重要的人物——东岩子，就是赵蕤。

赵蕤很有才，精通道术、剑术，尤其擅长纵横术，写有个人专著《长短经》。在纵横界，那是仅次于《鬼谷子》的一部大作。但赵蕤为人很低调，甚至连玄宗皇帝派人来请他当官他都不去，就愿意待在山林里过自己逍遥自在的日子。

李白很崇拜赵蕤，并拜他为师。赵蕤也很喜欢李白，把自己所学**倾囊相授**，这对李白今后的人生之路产生了重要影响。

他俩一起在青城山生活了几年，在山里养了上千只奇异的鸟。他们在驯鸟方面更是有独到之处，只要一伸手，就有鸟落到手上，颇有些仙人的做派，可以说是人、鸟和谐相处的典范了。当群鸟飞起时，那景象相当壮观，如果能把那个场面拍下来，制作一个"鸟的世界"视频，绝对能吸引无数粉丝。

和赵蕤相处的日子里，李白学到了很多，赵蕤的道家思想和豪侠性格深深地影响了他。他们也建立了**亦师亦友**的关系，时称"赵蕤术数，李白文章"。赵蕤和李白被称为唐代的"蜀中二杰"。

在跟赵老师学习两三年之后，有一天李白去向赵老师辞行，因为他还有很多人生理想和抱负要去实现。

第二章
仗剑去国，辞亲远游

李白是浪漫主义诗人的代表，但是有很多人并不知道，他也是文人骚客中的极品，在古代旅行达人中也要排名前十。他一生走过的地方之多，可能是现代人都无法达到的。

23岁之前，他的游历都在四川境内，他用脚丈量着四川的一寸寸土地，用心感受四川的一帧帧美景，再用生花妙笔记录下来。

他一路从江油到平武再到剑阁，四川壮阔的美景让他震撼。虽然在这一路上，他并未留下千古名篇，但正如《解忧杂货铺》中所说："你的气质里，有你走过的每一条路，读过的每一本书，爱过的每一个人。"李白所走过的这些路，看过的这些景，都融入了他的骨血中。后来他在去长安的路上，想到出仕的坎坷，于是借剑阁的美景来抒怀，写下了："剑阁峥嵘而崔嵬，一夫当关，万夫莫开。"

19岁，他首次到成都漫游，那儿是西南地区的中心，统管中

第二章 仗剑去国，辞亲远游

国西南部三十多个州郡的广大领土，因盛产锦缎，又被称为"锦城"。成都也是西南商业中心，来自四面八方的商贾都聚集在这里。

在成都，李白游览了扬雄的草玄堂，漫步在诸葛亮的武侯祠，登上散花楼极目远眺成都的美景。站在散花楼上，他凝视着清澈的摩诃池和鳞次栉比的城市建筑，更远处有覆盖着森林的山脉与河流，有感于眼前的景色，李白创作了一首五言诗。

> 日照锦城头，朝光散花楼。
> 金窗夹绣户，珠箔悬银钩。
> 飞梯绿云中，极目散我忧。
> 暮雨向三峡，春江绕双流。
> 今来一登望，如上九天游。
>
> ——李白《登锦城散花楼》

这是李白早期诗歌的典型代表，和后期的诗歌比起来，少了特有的原创性和自然充沛的感情。但在这首诗里面，他从散花楼写到离他八百里开外的三峡；从早晨时分，写到日暮蒙蒙细雨。他诗歌中已显现出广阔、壮观的诗意空间——这是李白诗歌的标志之一。

他信步来到司马相如的古琴台，忆起司马相如和卓文君的故事，忆起卓文君《白头吟》中的"愿得一心人，白首不相离"，挥笔写下《白头吟二首》，发出了"两草犹一心，人心不如草"的感叹。

作为一个有才情、有理想、有抱负的新时代三好青年，四处游山玩水，显然不是李白出来的主要目的。在游玩的路上，遇到一位能识别出这匹千里马的伯乐，才是他的主要目的。"千里马常有，而伯乐不常有"，有时候需要千里马主动出击，而主动出击的方式，就是——干谒。

第三章
初出茅庐，干谒其才

李白出生在富商之家。李白的父亲作为商人，希望和从政之人攀上关系。他从李白很小的时候就开始用心培养李白读书，希望有朝一日李白能入朝为官。李白的父亲还有更大的期许——如果李白能官运亨通，成为国家栋梁，从此青史留名，那可就光宗耀祖了。

《唐六典》规定："刑家之子，工商殊类不预。"明确规定罪人之子和商人之子是严禁参加科举考试的。唐代的科举考试，相当于我们现在的高考。李白的父亲李客恰好是个商人，所以李白是不能参加科举的，也就是说他连参加高考的资格都没有。

想在唐代为官，幸好不止科举一条路，还可以贤臣举荐，所以那时流行干谒。参加不了科举的孩子，如果很有才能，就把自己的诗赋文章呈给一些当官的人，以期望得到他们的赏识，把自己推荐

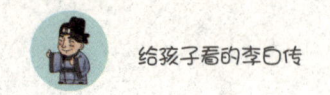

给皇帝，从而获得平步青云的机会。当然，能够走这条路的人肯定不是一般的人。也有人干脆做个隐士，在隐出名之后，等朝廷求贤若渴地来请自己出去做官，这叫**以退为进**。

李白想当官，有"奋其志能，愿为辅弼"的雄心，有"使寰区大定，海县清一"的理想。要实现他的政治抱负，只有走干谒这条路。

李白的父亲为他准备了很多盘缠，希望他能在旅行途中增长见识，同时希望他能广结善缘，得到有识之士的赏识，走上仕途。

李白的干谒之路，和那时的大多数有理想、有抱负，可是出身又支撑不了这理想和抱负的年轻人一样，曲折而又坎坷。

在成都，李白拜访的第一位大咖是苏颋。苏颋是益州大都督府长史。

李白准备了《大猎赋》，来到苏颋的官邸毛遂自荐。这位长史

第三章 初出茅庐，干谒其才

五十出头，方脸盘，下巴上留着一丛稀疏花白的长胡须，待人**彬彬有礼**。他很欣赏李白的文采，他们一边喝茶一边谈论写作，评论古代的大师们。李白慷慨陈词："我认为诗人的才华是次要的，我希望为朝廷服务，让国家更加繁荣富强。比起诗歌流传千古，我更希望能在政治舞台或战场上有所作为来留名青史。"

李白这番话，深得苏颋的赞赏。他们谈兴正浓时，当地的一批官员前来拜会苏颋，正好，苏颋将李白推荐给大家："此子天才英丽，下笔不休。"官员们听上司这样说，当然对李白**刮目相看**，当即开始询问李白各种问题。然而，当听说李白来自偏远的乡镇，而且父亲是商人时，他们立刻面露不屑之色，没有禀报苏颋就把李白给打发走了。

离开成都后，李白从峨眉山去了渝州（重庆）。他想要把自己推荐给李邕。李邕也是位大咖，当时任渝州刺史，相当于当时渝州（重庆）的市长，文章写得好，尤其擅长书法。李邕一方面为人耿直，光明磊落，不畏权贵，喜欢提携有才的年轻人；另一方面也颇为自负。因此，他在对待不同的人时，完全是不同的态度。比如对待同样有才华的人，他非常喜欢谦逊有礼的杜甫，愿意上门去拜见，却不喜欢诗风稍微华丽的崔颢。在崔颢上门拜见他时，他看到崔颢诗里写的"十五嫁王昌，盈盈入画堂"时，瞬间炸毛，大声训斥说："小儿无礼！"然后起身离开。

李白是满怀信心去拜见李邕的，自己才华横溢，而且小有名气，想必李大人定会非常喜欢自己。

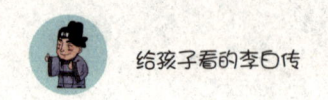

为了给人家留下好印象，证明自己很厉害，李白面对李邕高谈阔论，旁征博引，不拘礼节，以为这样能显得自己与众不同。

一个少年狂士，遇到一位老年狂士。李白没注意到的是李邕早就一脸黑线，一向自负的李邕，看到更加自负的李白，心里早就不屑一顾了。在李白高谈阔论时，李邕频繁地端起茶杯喝茶。那意思很明显了，就是在暗示端茶送客①啊。

李白自是明白他的意思，只好起身告辞。回去后李白越想越生气，愤而提笔写下一首流传千古的名篇：

大鹏一日同风起，扶摇直上九万里。

假令风歇时下来，犹能簸却沧溟水。

世人见我恒殊调，闻余大言皆冷笑。

宣父犹能畏后生，丈夫未可轻年少。

——李白《上李邕》

李白一向以"大鹏"自比。大鹏既是自由的象征，又是**惊世骇**

---

① 端茶送客：古时候，有客拜访，仆役献茶，主人认为事情谈完了，便端起茶杯请客用茶。来客嘴唇一碰杯中的茶水，仆役便高喊："送客！"主人便站起身来送客，客人就自觉告辞。这是一种避免直白赶客的待人接物方式。

第三章 初出茅庐，干谒其才

（这人咋还不走？）

俗的理想和志趣的象征。诗歌前两句描写了传说中的神鸟大鹏起飞时浩荡之景象，更是表现出了诗人李白此时豪情满怀、直冲青云之志向。李白在诗中第三、四句写的是即使大风停下来，大鹏落了下来，也会在江湖激起波澜。如果李白自比大鹏，那么李邕自然就是大鹏乘借的大风，李白在这里言明即使没有李邕的相助，他也能在政坛造成非凡的影响。这种非凡的胆气不得不用一个"狂"字来总结。诗的后四句，是对李邕怠慢态度的回答。"世人"指当时的凡夫俗子，显然也包括李邕在内。李白的宏大抱负，常常不被世人所理解，被当作"大言"来耻笑。李白显然没有料到，李邕这样的名人竟与凡夫俗子一般见识，于是，就抬出圣人识拔后生的故事**反唇相讥**。"宣父犹能畏后生，丈夫未可轻年少。"意为孔老夫子尚且觉得**后生可畏**，你李邕难道比圣人还要高明？男子汉大丈夫千万不可轻视年轻

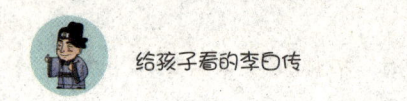

人呀！这两句对李邕既是揶揄，又是讽刺，也是对李邕轻慢态度的回敬，态度相当桀骜，显示出李白的少年锐气。

所谓"没有永远的敌人"，当时 24 岁的李白一定没想到，他和李邕的缘分并未到此为止。多年以后，李邕年近古稀，李白 44 岁，已过不惑之年。两位颇有才气的"狂人"，此时均为对方的才气所折服，前尘往事，早已一笔勾销。他们相会扬州，携手同游金陵。在李邕被奸人害死时，李白在《答王十二寒夜独酌有怀》中悲愤地为李邕鸣不平："君不见李北海，英风豪气今何在！"李白晚年被流放至夜郎，路过李邕旧宅时，写下《题江夏修静寺》一诗，在其中还亲切地称呼李邕为"我家北海"。

在李白漫游蜀中时，一位和他同年出生的年轻人已经在大唐的高考中取得了第一名的好成绩，高中状元。那人所写的《九月九日忆山东兄弟》《红豆》红遍大江南北，收获了无数的粉丝，成为当时的网红。那个人的名字叫王维。

第四章

初入职场，困于蝼蚁

连续两次干谒都以失败告终，满腔热血的少年李白遭遇了人生的第一次滑铁卢。他内心沮丧不已，于是回到了老家江油。

见到离别两年的儿子，李白的父母既高兴又难过。高兴的是家人得以团圆，难过的是他们本以为儿子**才华横溢**，可以谋个好职位，没想到还是落寞回家。与此同时，苏颋赞美李白"天才英丽，下笔不休"的那些话，也传到了江油。当地县令也听说了这事，这位县令业余爱好写诗，他心想，连益州大都督府长史都夸奖李白，那他一定是不可多得的人才，搞不好他将来真有高就，如果现在帮了他，以后没准能捞个选贤任能的美名。即使将来李白没有做高官，留在这县衙里，和我一起写诗逗乐也好啊！

这么一想，县令立即请李白到县衙当差。老师赵蕤曾告诫李白，如果想要从政，要避免担任这种低级的职务。但李白此时别无选择，

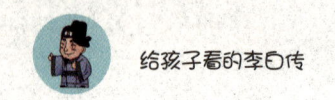

一方面，干谒之路多次受阻；另一方面，家人面对停滞不前的自己也颇为着急。倍感苦恼的李白想着从官场最底层做起，也许也能用到老师教给他的那些知识与技能。

一天，在县衙门口，李白看见一个牧童牵着一头牛。他向牧童借了牛，一言不发地牵着牛走进正堂前的庭院。县衙正堂两侧是县长和其他官员商量要事的地方，李白牵着牛走进来，这是很无礼的行为。县令的妻子看到了，很生气，一个小听差怎么能牵着一头畜生闯进公堂重地呢？李白看到了她脸上的怒气，当场吟诗一首："素面倚栏钩，娇声出外头。若非是织女，何得问牵牛？"在诗中，李白把县令的妻子比喻为美丽的织女，县令的妻子不由得转嗔为喜，不再追究李白的过错。

见证了李白的作诗天赋后，县令开始带着李白参加各种宴会，让李白在这些场合为大家应景作诗。有时，县令会自己起个头，**得意扬扬**地吟出两句，看李白怎么接。

有一次，看到一处山脊上野火燃烧，县令诗兴大发，吟道："野火烧山后，人归火不归。"然后他停下来沉思。看他实在想不出下句，李白上前一步念道："焰随红日远，烟逐暮云飞。"李白以为自己帮老板救了场，没想到老板不但不感激他，反而大怒。李白的诗句明显胜出他很多，他觉得很没面子。而李白心里也很难受，觉得县令作为一县之长，发生了火灾，不但一点儿不关心火灾引起的农业损害、百姓的人身安全等问题，反而在那儿卖弄自己仅有的一点儿诗才。

第四章 初入职场，困于蜡蚁

　　类似的事情还有很多。那年夏天，这个小小的县城遭遇山洪，无数百姓**流离失所**，**哀鸿遍野**。县令带着下属到灾区视察山洪情况，很多农田和庄稼被淹没，一具女尸出现在水中，在河面上漂浮。看到这令人悲伤的场景，县令毫不关心，反而微笑着吟诗："二八谁家女，漂来倚岸芦。鸟窥眉上翠，鱼弄口旁朱。"看着县令**麻木不仁**的样子，李白心里既愤怒又悲凉，于是开口反驳道："绿发随波散，红颜逐浪无。何应逢伍相？应是怨秋胡。"说完，头也不回地走了。不久，他就辞去了这份让他忍无可忍的差事。后来，有一位历史学家把李白的这一经历说成是"神龙困于蜡蚁"。

　　在此后的三年里，李白不再外出，成了一枚宅男，他努力提高自己的文化水平，期待自己有朝一日能**一飞冲天**。学霸的名号不是白来的，李白很自律，每天按时打卡：读书、练剑，练剑、读书，周而复始。他要为自己的目标而奋斗，为即将到来的更艰苦、更漫长的旅程从内到外武装好自己。

　　李白的理想很明确："愿为辅弼，使寰区大定，海县清一。"他希望自己能成为宰相那样辅佐君王的重要角色，使国家安定统一。

第五章
重整行囊，再上征途

在大匡山休整三年后，李白准备复出。既然从官场底层往上爬的尝试失败了，他准备寻找其他施展自己政治抱负的方法。

自古有两种传统方法：一种有悖常理的方法是隐居，远离都市，离群索居，然而，有才能的隐士，他们的超然、正直、淡泊名利又会使他们名声在外，最终得到君主的关注和欣赏，一举将他们提升到高位，比如姜子牙、诸葛亮等；另一种方法是云游，四处游历，与重要的人物来往，以此扩大自己的名声和影响力。许多唐朝诗人都用这种方式，云游在京城或其他大都市中，广交权贵，等待时机。

23岁的李白，带上父母给的足够多的旅费，带上书童丹砂，再次走出大匡山，这一次离开后，他再也没有回来过。

李白一生"好游名山"，他认为高山之巅是天界与人间的连接点，人与神可能在那里相遇，所以他常不畏路途遥远去很多地方探幽访

第五章 重整行囊，再上征途

胜。23 岁的他，第一次登上峨眉山。信步漫游，他被峨眉山的美景深深震撼。

那天晚上，李白告别峨眉山，泛舟沿平羌江而下，一路江景清丽静谧，一缕思乡之情油然而生。望着那半轮秋月，他慢慢吟出优美的《峨眉山月歌》：

峨眉山月半轮秋，影入平羌江水流。
夜发清溪向三峡，思君不见下渝州。

——李白《峨眉山月歌》

短短二十八个字，构思精巧，不着痕迹。李白依次经过的地点是：峨眉山——平羌江——清溪——三峡——渝州，连用五个地名而不让人觉得堆叠，就这样渐次为读者展开了一幅千里蜀江行旅图，可谓前无古人，后无来者。除"峨眉山月"以外，诗中几乎没有更具体的景物描写；除"思君"二字，也没有更多的抒情。然而"峨眉山月"这一集中的艺术形象贯串整个诗境，成为诗情的触媒。由它引发的意蕴相当丰富：山月与人万里相随，夜夜可见，使"思君不见"的感慨愈加深沉。明月可亲而不可近，可望而不可即，更是思恋之情的象征。连用五个地名，精巧地点出行程，既有"仗剑去国，辞亲远游"的豪迈，也有思乡的情怀，语言流转自然，恰似"清水出芙蓉，天然去雕饰"。

他漫长的云游之路自此开启。

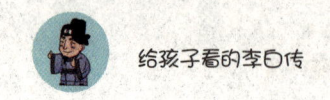

（一）第一站：远渡江陵

这年春天，李白遇到了曾和他一起在江油同窗共读的老乡吴指南，两人年纪相仿，相伴出蜀。

他们一路顺江而下，过了三峡就是楚地，也就是现在的湖北了，前方不远就是荆州了。楚地自古以来人才济济，是军事家伍子胥、治水专家孙叔敖、爱国诗人屈原等人的故乡。李白从书中早已知晓了这些历史，早就期望踏上这片土地。最让他动心的，还是他在当地餐厅、酒馆、茶楼里听到的歌女们传唱的楚风民歌。那些歌曲感情深厚，经常哀叹男女相思、恋人离别、人生苦短、青春易逝。李白常常被歌中的故事和真诚悲恸的情感打动而潸然泪下。

大诗人之所以为大诗人，别人出来游玩就是游玩，他的游玩可谓收获满满。他一路上有感于楚地的风土人情和美景，一边感叹，一边写诗不辍，到了河口就拿出来念给别人听。人们都很喜欢他的诗歌，认为他的诗歌形象鲜明、画面感强、感情流露自然。

两岸的崇山峻岭、猿猴的哀啼渐渐消失，江面渐渐变宽，江水也不再那么湍急，一叶小舟载着他们慢慢远离了那个叫故乡的地方，远离了亲人和熟悉的山水，还有永远悬在心头的那轮明月。

第五章　重整行囊，再上征途

那时那景，站在船头的李白有些思念家乡了，他不觉吟出一首诗：

> 渡远荆门外，来从楚国游。
> 山随平野尽，江入大荒流。
> 月下飞天镜，云生结海楼。
> 仍怜故乡水，万里送行舟。
>
> ——李白《渡荆门送别》

一天，吴指南告诉李白，道教大师司马承祯也正好在江陵漫游。

司马承祯是道教上清派的宗师级人物，他多次受到皇帝的亲自接见，连当时的大唐玉真公主，也就是持盈法师，都是他的弟子，跟他学道。

李白信奉道教，但还是个"菜鸟"，对于这种偶像级人物自然是想求见。但司马承祯不是想见就能见到的人物，许多人排着队等着见大师一面呢，而且大部分是当地官员。

还好李白的好友元丹丘也是一名道士，情面大，在他的引荐下，李白见到了自己的偶像。

司马承祯已86岁，他斜躺在藤椅上，眼睛半闭着，手里拿着马尾拂尘，时不时挥舞一下。面对这位颇有风采的偶像，李白恭恭敬敬地报出姓名，然后递上自己写的诗文。

司马承祯看过李白的诗文，对他的文采感到非常惊讶，又见他长得器宇不凡，当即请他落座，他们一起讨论"老庄"的精义之处。李白对大师吐露了自己"治国平天下"的理想。大师问李白，治国平天下，然后呢？李白毫不犹豫地回答："功成、名遂、身退。"大师挥了一下拂尘，微笑着表示满意。

李白的回答听着简单，实际上颇有深意。这意味着他知道一个人的局限以及政治生涯中的危险——如果有人在功成名就后还不肯退隐让贤，就可能陷入困境。这也是《道德经》中时常提到的——"成功而弗居""功成身退，天之道也"。

司马大师给李白点了个大赞，留下了好评："有仙风道骨，可与神游八极之表。"

第五章　重整行囊，再上征途

得到大师夸奖的李白高兴得像个孩子一样蹦起来，当即写了《大鹏遇希有鸟赋》一文，把自己比作大鹏，把司马承祯比作希有鸟，意思就是他俩是两只不同寻常的鸟，要展翅高飞。

于是两人留下联系方式，互加好友，司马承祯还把李白拉入"仙宗十友①"群聊，这是李白加入的第一个比较有档次的群聊，这也为他以后和贺知章、孟浩然成为好友打下了基础。

结识了司马承祯这位道教宗师，李白以后就**顺理成章**地认识了吴筠、胡紫阳、高天师等道教名人，可以说江陵之行对李白一生影响非常大。

夏天，李白和吴指南来到洞庭湖。那时的洞庭湖波涛汹涌，烟波浩渺，那情形是相当壮观。正当他们打算要好好地疯一下的时候，不幸的事发生了：吴指南暴病身亡。

这太突然了，刚刚还在一块儿玩的小伙伴，突然之间就到另一个世界去了。这件事对李白的打击是巨大的，他守在朋友尸体旁放声大哭，以至于哭干了眼泪，嘴里吐出了鲜血。

①仙宗十友：五代以后的文人，出于对初唐、盛唐时期的司马承祯、李白等十位文人群体的追慕而提出的一个称美性质的概念，有司马承祯、陈子昂、贺知章、李白、王维、孟浩然、宋之问、王适、毕构、卢藏用十人。

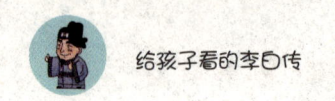

李白在洞庭湖边挖了个坑，把吴指南安葬在那里，然后继续赶路。

快乐的二人行变成孤单的一人行，李白的心情可想而知。尽管那时景色也不错，李白却没了欣赏的心思，于是回到荆门，静静地待了一段时间，修复受伤的心。

这年秋天，经过一番休整的李白满血复活，继续上路。他不紧不慢地走走停停，听说哪里有美景，哪里有名士，就去哪里拜访。

李白来到武昌，这里有大名鼎鼎的黄鹤楼。黄鹤楼屹立在一座小山上，站在那里可以一览浩渺的长江。古代，文人墨客在名胜美景旁题诗赋文是个传统，只要题写的内容和书法足够高超，就能锦上添花，为风景做广告，成为一段佳话。黄鹤楼就是这样一个王公贵族、书生秀才们经常到此一游的名胜。一向对自己的才华颇为自负的李白，却在这里遭到了生平的第一次诗歌打击。

有感于雄伟壮丽的江面景观，李白正想题诗一首，突见墙上已有一首诗，落款"崔颢"。崔颢比李白小三四岁，当时已是朝中官员。诗似乎是最近才写上去的：

昔人已乘黄鹤去，此地空余黄鹤楼。

黄鹤一去不复返，白云千载空悠悠。

晴川历历汉阳树，芳草萋萋鹦鹉洲。

日暮乡关何处是？烟波江上使人愁。

——崔颢《黄鹤楼》

第五章 重整行囊，再上征途

李白觉得自己再怎么写也无法超越崔颢这首诗，只能放弃了题诗的打算。也有人说李白写了一首，随即毁掉了。还有人说李白写了一首打油诗："一拳击碎黄鹤楼，两脚踢翻鹦鹉洲。眼前有景道不得，崔颢题诗在上头。"

李白显然遇到了对手。在唐诗中，大家公认崔颢的《黄鹤楼》是七言律诗的典范。这种诗体在京城诗人中很流行，但李白并不擅长。在李白的一生中，他还将多次面对崔颢题写的这首诗，不仅故地重游，在他的诗歌中，也将有五十多次提到这一地点，他似乎总想和崔颢一较高下。

第二年秋天，李白来到浔阳暂住，一方面是因为这里有他家族的兄长，另一方面也是由于这里有道教仙山——庐山。

登上庐山香炉峰，山峰雄伟，壁立千仞，云烟缭绕，飞瀑轰鸣。李白豪气勃发，一首流传于后世的诗篇**脱口而出**：

> 日照香炉生紫烟，遥看瀑布挂前川。
> 飞流直下三千尺，疑是银河落九天。
>
> ——李白《望庐山瀑布》

庐山不愧是仙山啊，太阳照在香炉峰上，紫烟升腾环绕，就像是点着的香炉。瀑布飞溅，远远望去就像是挂在山峰上一样。这简直是天上的银河掉落到人间啊！

这首诗用丰富的想象和夸张，把庐山瀑布写得生动传神、令人向往，散发着浪漫主义的气息。自此，庐山更加声名远播，李白可以说成了庐山的免费代言人。

给庐山打完广告的李白意犹未尽，马不停蹄地赶往下一个景点——天门山。

乘船沿江而下的李白来到天门山。浩荡的江水被天门山挡住，折而向北，江水徘徊汹涌，很是壮观。见到如此奇景的李白兴奋不已，提笔写下《望天门山》：

天门中断楚江开，碧水东流至此回。
两岸青山相对出，孤帆一片日边来。
——李白《望天门山》

默默无闻的天门山自此凭此一诗而让天下人知。

第五章 重整行囊，再上征途

（二）第二站：碰壁金陵

公元725年秋天，李白来到金陵，也就是现在的南京。金陵是个好地方，它西北边有宽阔的长江，东南边有巍巍钟山镇守，从地形上讲，该地易守难攻，不啻为一块风水宝地。据说这里有帝王之象，东吴、东晋，以及南朝的宋、齐、梁、陈这几个朝代的皇帝都把都城设立在这里，因此这里又被称作"**六朝古都**[②]"。传说还有皇帝在此"埋金"以驻王气，所以被称为"金陵"。

在唐代，金陵在地理位置和经济上的确是一个至关重要的地方。盐、粮食、木材、铁和其他产品都通过这里，沿长江水域运往四面八方。周边地区土地肥沃、水源充足。温和的气候和丰富的降雨使这里的稻谷一年可以收获两季，某些农作物甚至可以收

② 六朝古都：从三国的东吴开始近400年间，连续有六个朝代（东吴、东晋及南朝宋、齐、梁、陈）在金陵（今南京）建都，后人称其为"六朝古都"。此外，南唐、明、太平天国，以及中华民国也曾建都于此。因此，历史上称之为"六朝胜地、十代都会"。

获三季。这里是吴地的中心区域，由于其丰富的资源，被视为唐朝的经济支柱，也是招兵练军的好地方。并且，伴随着繁荣的经济而来的，还有丰富多彩的文化。

金陵**人杰地灵**，群英汇集。据称李白家在金陵有生意，开了一间商铺，李白到金陵后就住在那里。他被长江上来来往往、满载货物的木船队迷住，这里集市上的货品琳琅满目，好多东西他从未见过。他一边在城市中四处游逛探索，一边结交新朋友，经常去豪华的饭馆聚餐畅饮。遇见落魄潦倒的文人，他就会慷慨解囊。在金陵的这一年，李白"散金三十余万"，可谓是"败家子"里的典范。

李白来的时候，这里正在忙碌一件大事——大唐玄宗皇帝准备泰山封禅[3]，让各地推荐人才，跟随他一块儿去见证伟大的历史时刻。

这可是一件天大的好事：一方面这是一个荣誉，回来可以吹一辈子；另一方面可以跟在皇帝身边，混个脸熟，熟人好说话。另外，一般参加完大典之后，跟随的人往往会加官晋级。这样名利双收的事，自然个个都想削尖了脑袋往里钻。

[3] 泰山封禅：古代帝王在泰山进行的祭祀活动，主要内容是向上天告太平，对上天护佑之功表示答谢，报告帝王的政绩如何显赫等。这是封建时代最盛大、最隆重的一项典礼，目的是说明"君权神授"，以此来巩固皇权。

第五章 重整行囊，再上征途

　　李白也想被这天上的馅饼砸中，但人家当地的官员子弟、富家孩子的名额还不够，他一个外乡人也就只能想想了。

　　李白来金陵的一个目的是寻求推荐的机会，但这时官员们都忙着自己的前程，谁还会对一个来自四川小乡镇的年轻人感兴趣呢？当他拿着自己写的诗文拜访官宦之家时，人家不是态度冷淡，就是不耐烦，有的干脆闭门不见。想要求推荐却无门路，这令李白很郁闷。

　　与此同时，李白继续举办聚会，席上美酒不断。他喝醉了就写诗，尤其是微醺但头脑仍清醒时，文思越发如泉涌。在中国，不管古代还是现代，酒被很多艺术家认为是激发艺术创作的琼浆玉液，

特别是在诗歌、绘画和书法方面。李白自己写道:"酒酣心自开。"思念家乡或干谒受挫时,他也靠醉酒来缓解绝望,用他自己的话来说就是:"酒倾愁不来。"

他和他的一帮兄弟朋友在金陵的酒肆里举杯狂饮,在秦淮河的游船上吟诗听歌,玩得不亦乐乎。

在此期间,李白写了不少情诗,其中著名的有《杨叛儿》和《长干行》等。

妾发初覆额,折花门前剧。

郎骑竹马来,绕床弄青梅。

同居长干里,两小无嫌猜。

第五章　重整行囊，再上征途

十四为君妇，羞颜未尝开。

低头向暗壁，千唤不一回。

十五始展眉，愿同尘与灰。

常存抱柱信，岂上望夫台。

十六君远行，瞿塘滟滪堆。

五月不可触，猿声天上哀。

门前迟行迹，一一生绿苔。

苔深不能扫，落叶秋风早。

八月胡蝶来，双飞西园草。

感此伤妾心，坐愁红颜老。

早晚下三巴，预将书报家。

相迎不道远，直至长风沙。

——李白《长干行（其一）》

李白这首诗一上来就贡献了两个成语：**青梅竹马**和**两小无猜**。

好美慕呀！

《长干行》一问世，立即风靡金陵，继而传遍大唐，长期居于"流行金曲"榜首，为李白收获了大批粉丝，尤其以青年男女居多。

钱很快用完了。据说李白家里的生意也遇到了低谷，不能再供其挥霍了。李白得完全靠自己了。李白的一些朋友不再理他，在金陵的日子变得难挨，于是他打算离开。他召集了一个告别聚会，来了一些（所谓的）朋友，李白又创作了一首《金陵酒肆留别》，其中写道："请君试问东流水，别意与之谁短长？"表达了他对友谊的信念和对忠诚伙伴的渴望。这是李白在诗歌上的又一小小创举，听者都为之惊讶。传统上，河流一般用来比喻悲伤，但李白现在用它来比拟友情。这是李白诗歌的惯用手法，将空间扩展到最大。在这个例子中，友谊被延伸到与流水一样持久绵长。

（三）第三站：畅游扬州

夏天结束前，李白到了位于南京以东约一百千米的扬州。此时天气仍然燥热，四处知了聒噪个不停。

那时正是开元年间，大唐在玄宗皇帝的带领下正阔步走向辉煌。玄宗皇帝年富力强，**励精图治**，工作热情高涨。老板这么拼命，手下员工自然不敢懈怠，也都尽心尽力，并涌现出了一批优秀员工，杰出代表有姚崇、宋璟④、张说⑤、张九龄⑥等。大唐公司的领导和员工上下齐心，不断开拓创新，国家蒸蒸日上，国家GDP连创新高，

---

④ 姚崇、宋璟：二人皆为唐玄宗时名相，一起成就了"开元盛世"。他们与"贞观之治"时的房玄龄与杜如晦被后世并称为"唐朝四大贤相"。

⑤ 张说（667年—731年）：唐朝政治家、文学家，前后三次为相，执掌文坛三十年，为开元前期一代文宗，与许国公苏颋并称为"燕许大手笔"。

⑥ 张九龄（678年—740年）：字子寿，一名博物，谥文献，世称"张曲江"或"文献公"。唐朝开元年间名相，诗人。代表作《望月怀远》中有千古名句"海上生明月，天涯共此时"。

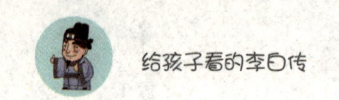

长期居世界第一,长安也是当时世界上最大的城市。因此各国对大唐顶礼膜拜,先后派人来学习大唐的先进技术,然后搬回自己的国家,依葫芦画瓢,想要复制大唐的奇迹。

而扬州是东南地区第一大都会,交通便利,是大唐对外交流的重要海港城市之一,也可以说是当时的一个国际化大城市。

扬州的繁华热闹可以由诗人们的一些诗句体现出来:"人生只合扬州死,禅智山光好墓田。""春风十里扬州路,卷上珠帘总不如。""天下三分明月夜,二分无赖是扬州。"

李白前往扬州一方面是向往扬州的繁华,想要游山玩水,增长见识,更重要的还是想要找到赏识自己的人,为自己进入朝廷找一个敲门人。

来到扬州之后,李白做的第一件事就是拜访权贵,求推荐。本以为自己有才,名气也不小,应该会受到重视,但理想很丰满,现实很骨感。

就在他想要开始新一轮自荐前,他病倒了。俗话说,钱不是万能的,没钱是万万不能的。没钱的李白从豪华大酒店搬了出来,入住了民宿小旅馆,生活水准直线下滑。

住宿的小酒馆不准他继续赊账——要么交钱,要么滚蛋。眼看就要流落街头了,他思念家乡,更思念家乡的人。他给自己的老师赵蕤写了一首诗寄托自己的情感,其中有"良图俄弃捐,衰疾乃绵剧。古琴藏虚匣,长剑挂空壁",这几句诗的意思是,原来的雄心壮志现在看来就像是个笑话,偏偏这时又疾病缠身。我就像藏在

第五章 重整行囊，再上征途

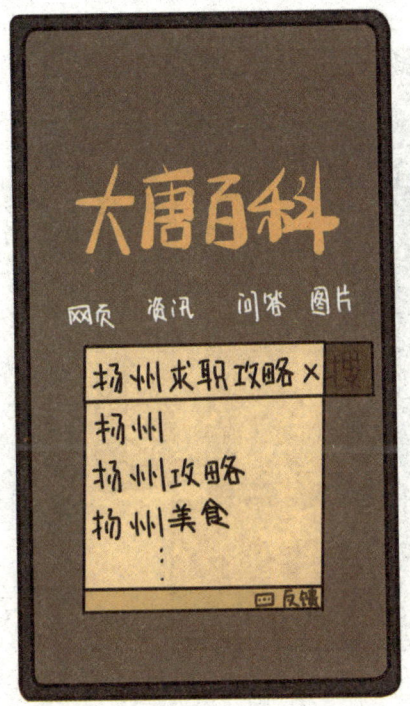

匣子里的古琴无人弹，就像长剑挂在墙壁上无用武之地。第二天他去馆驿寄了这封信，当时的官方邮政，主要是为了保证行政命令顺利抵达，但对传递百姓的私信并不那么仔细。李白知道他不可能等来老师的回信，他甚至连自己这阵子住的地址都无法确定。

对于平生乐观豁达的李白来说，像这种沮丧、失落的时候并不多，可见此时的他是多么的无助，可以说这是他人生中遇到的第一个坎。

一天晚上，月明星稀，离家已两年的李白独自一人辗转难眠，

病痛折磨，前途不顺，朋友远离，让他倍加思念家乡。高悬夜空的那轮明月是否是家乡的月亮？是否是峨眉山的那弯山月？心潮起伏的李白写下了那首流传千古的名作：

床前明月光，疑是地上霜。
举头望明月，低头思故乡。

——李白《静夜思》

月光一泻千里，洒落在地上，好像是盖上了一层白霜。在这寂

第五章 重整行囊，再上征途

静的夜晚，李白仰望夜空，皎皎明月似乎正来自他思念的故乡。

这可谓千古写月第一诗，触动了多少在外游子内心最柔软的地方，让他们瞬间泪奔。此诗一出，点赞、转发都是十万以上级别的，在大唐金诗排行榜中长期高居榜首。

这首诗在今后的一千多年里，大家都会随口背诵。2015 年 3 月 20 日，联合国邮政管理局发行了一套六枚邮票，纪念世界诗歌日。每枚邮票都用诗人的母语印了一首诗，有中文、英文、法文、俄文、西班牙文和阿拉伯文。李白的《静夜思》就代表中文诗歌印在其中一枚邮票上。

同一时期，同在扬州的那个小旅馆里，李白还写下了另一首思乡诗：

> 凉风度秋海，吹我乡思飞。
> 连山去无际，流水何时归。
> 目极浮云色，心断明月晖。
> 芳草歇柔艳，白露催寒衣。
> 梦长银汉落，觉罢天星稀。
> 含悲想旧国，泣下谁能挥。
>
> ——李白《秋夕旅怀》

这首诗相比较《静夜思》来说可能不太受小朋友们喜欢，估计

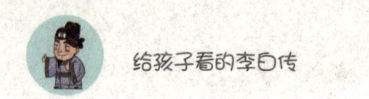

点赞的也不多，但这首诗更能体现李白此时的心情，那不仅仅是思乡的忧伤，更是孤寂凄凉，甚至悲痛。

　　李白终于知道金钱买不来真正的友谊，他在病榻上一卧不起，书童丹砂用尽一切办法照顾他，天天为他祈祷，可他还是不见好转。最后他们穷得连饭都快吃不上了。幸运的是，当地有一位特别崇拜李白诗歌的官员，名叫孟荣，他一听说李白在此，并且正羁旅遭罪，立刻赶来为李白解围。他帮李白还清客栈的欠款，还给了李白一些钱。孟荣是江都县衙的一个官员，人称"孟少府"。店家认识孟荣，因此对李白又客气起来。孟荣还请大夫给李白诊治，一个月后李白康复了。此后两人一起在扬州城内游览，造访许多名胜古迹、道观佛寺。孟荣建议李白别再四处拜谒高官，说那些人除了占据高位，哪里都

第五章　重整行囊，再上征途

不如李白，怎能指望他们欣赏提携呢？孟荣说他知道很多像李白这样的有志青年，四处干谒一通后最终都只落得个家财散尽、一无所获的下场。

李白少年时读过自己的偶像司马相如的《子虚赋》，对书中所描写的云梦泽非常向往，便打算前去游览一番。孟荣有个朋友马正会在安陆任都督，他建议李白去找马都督，既可以游云梦泽，又可以得到推荐的机会，李白很赞同，决定前往安陆。

（四）第四站：定居安陆

李白没有直接去安陆，在书童丹砂的陪同下，他一路沿着汉江走，一直走到襄阳。在襄阳住着一位叫**孟浩然**[7]的诗人，他写的《春晓》可谓**家喻户晓**。

> ⑦ 孟浩然（689年—740年）：名浩，字浩然，号孟山人，世称孟襄阳。唐代著名的山水田园派诗人，与王维并称为"王孟"。他的《春晓》初读平凡无奇，却像流水一样平易自然，也像水一样悠远深厚，千百年来，深受人们喜爱。

春眠不觉晓，处处闻啼鸟。

夜来风雨声，花落知多少。

——孟浩然《春晓》

当时孟浩然与王维齐名，两人常被称为当朝最好的山水田园诗人。

但孟浩然在科举中落第，而王维一次就中，21岁就入朝当官，当然，部分原因是王维出身贵族。孟浩然颓然回乡，继续侍奉父母。父母去世后，他就在襄阳镇附近的鹿门山隐居起来。

孟浩然大李白12岁，早年就已经名扬天下了，是李白心目中偶像级别的人物。李白想去拜访他。

孟浩然住在鹿门山山腰上，周围有几亩田地。他让人打扫出一间房给李白和丹砂歇脚。李白很喜欢孟浩然家的田园风光。孟家几十年中在四周乡野种了上千株果树，有橘树、桃树、枣树和梨树等，一条小溪流经阡陌，傍晚时分，孟浩然经常坐在水边垂钓。白天他和李白谈诗论道，晚上一起谈古论今。两人都来自偏远地带的小乡镇，出身不高贵。李白很高兴他所敬爱的前辈与他在观点和品位上如此相似。

孟浩然特别欣赏李白诗歌中清新自然、不同流俗的风格。孟浩然和李白一样，有着"治国平天下"的理想，心中也一直有入朝为官的梦想，却壮志难酬。相同的艺术品位和理想抱负，将两人的关系拉得很近。他们**相见恨晚**，成了一生的挚友。

公元727年，李白来到安陆。安陆对于李白来说，是人生的一

第五章 重整行囊，再上征途

个新起点。古人说人生有四大喜事：久旱逢甘雨，他乡遇故知，洞房花烛夜，金榜题名时。李白就在安陆喜获良缘。

由于知名度越来越高，有不少人为李白做媒，其中就包括安陆的许家。许家是当地的**名门望族**，许圉师是高宗皇帝时的宰相，他的孙女待字闺中，正在招上门女婿。李白有才，有名气，小伙又帅，被许家看中。许家虽然没有当年当宰相时的荣耀，但仍是一大望族，对于多次干谒失败、旅途困窘的李白来说很有吸引力，因此李白欣然应允。

> 嘻嘻，甜蜜的爱情终于轮到我了。

结婚之后李白居住在安陆寿山，两年的漂泊生活让李白有些身心俱疲，家的温馨抚平了他所遭受的创伤。

我们不知道他妻子的名字，只能称她为许氏。李白对许氏满意极了。她贤淑体贴又**知书达理**，熟读文史，对音乐和绘画也颇在行。李白在谈话或诗歌中使用的一些典故或比喻，她一听就懂，在诗歌上也有自己的见地。李白为妻子写了不少诗，也用诗歌记录了不少与她有关的事情。在李白之前，很少有诗人提到自己的配偶，他的作品为诗人们**开诚布公**地向妻子献诗开了先例。喜欢喝酒的李白，在《赠内》这首诗中，以一种自嘲的态度向妻子表达自己的愧疚。

三百六十日，日日醉如泥。

虽为李白妇，何异太常妻。

——李白《赠内》

第五章 重整行囊，再上征途

当然李白有一个不快乐的源头。他妻子有个堂兄也住在许家，地位就像这家的儿子一样。多年前，堂兄的父亲，也就是许员外的哥哥去世了。许员外自己没有儿子，就把这个男孩过继到家里，这样他家也算有个男继承人了。李白进入许家的那一刻，这位堂兄就认定李白是一个敌手，认为许员外去世后，李白一定会分去很大部分的家产。许员外疼爱女儿，女儿婚配时就送了大批嫁妆，也把重振家族的希望寄托在李白身上。这位大舅兄不禁心生忌恨——他不但在家里总要让李白低人一等，在外面也不放过任何一个诋毁李白的机会。一时谣言四起，当地官员们开始对李白有所防范，无论李白多么想加入他们，总是了无下文。

在安陆的这一年里，李白先后三次向一些大咖毛遂自荐，最终都失败了，他的大舅兄"功不可没"。

第一次，正巧李白的好朋友元丹丘也在此地。元丹丘与安陆最高长官马都督关系不错，于是他把李白引荐给了马都督。马都督很欣赏李白，称赞他说："诸人之文，犹山无烟霞，春无草树。李白之文，清雄奔放，名章俊语，络绎间起，光明洞澈，句句动人。"

马都督是安陆最高长官，位高权重，他的点赞让李白知名度大增，很多人都愿意与李白交往，天天酒场不断，这让李白有些骄傲了，加上大舅兄老是在背后说李白的坏话，所以马都督不敢给李白官职，或把李白推荐给其他人。朝廷需要官员举荐贤才，但如果推举一个不合适的人只会连累自己，要是被举荐人在任期间犯了错误，举荐人也会受到牵连。

李白第二次干谒是在马都督离开安陆之后。当地新来的一把手叫李京之。李白决定去找这位长史试试运气。于是李白参加了许多祝贺长史大人新官上任的聚会，在这些聚会上，李白经常即兴创作诗歌，受到大家的好评；有时也表演舞剑，获得满堂彩。大家都觉得这位年轻人才华出众、与众不同。李长史告诉李白，他会尽力举荐他。为了回报长史的赞许和鼓励，李白人前人后极力称颂他。然而李白不知道的是，妻子堂兄的动作比他更快，早在他之前便已跟李长史有人情往来。在李京之眼中，李白又逐渐变成一个麻烦不断的狂妄之徒。

一天晚上，李白去了一个聚会。几位朋友见面，喝了不少酒，过了午夜才散去。李白喝醉了，在回家路上，他看到一辆两侧悬挂着灯笼的马车朝他驶来。他没有让到一边让它通过，反而试图上车，因为他看到车上是李京之长史，就想跟他打个招呼问候一下。结果黑夜中他突兀的行为使马受到了惊吓，马车歪斜，差点侧翻在路上。两名听差立刻下马捉住李白——唐朝法律规定，任何行人都必须与所有高官的车辆保持三十米的距离，因此李白这次算是触犯了法律。更糟的是，他还违反了宵禁——唐朝禁止任何人午夜后在街上闲逛。犯下此类罪行的平民要被拖去闹市接受鞭笞，但李白是读书人，许宅又是缙绅之家，所以李白不至于挨板子。李白向李京之道歉，但李长史呵斥李白目无官长，不懂高下尊卑，存心要惊吓他的马。他不接受李白的道歉，满脸怒色而去。

长史不高兴，后果很严重，李白第二天就去县衙领罪，写了一

第五章　重整行囊，再上征途

篇文章《上安州李长史书》，其实就是一封道歉信。对方高高在上，李白不得不低头，信中语言流露出诚惶诚恐、卑躬屈膝的姿态。李京之看来是消气了，但李白也清楚自己是不可能再得到这位长官的提拔了。

幸运的是，这位长官很快卸任去了别处。新来的长官叫裴宽，他很喜欢有才的人，并善于推荐人才。听到这个消息，李白很高兴，又燃起了希望。729年九月八日，当朝皇帝45岁生日，全国各地都举办了庆祝活动，裴宽也大宴宾客。李白参加了聚会，再一次表演了舞剑，大家齐声喝彩。李白看到裴宽，很喜欢这位新长史。

李白决定写信给裴宽介绍自己。在信中，李白先狠狠地把自己夸了一遍，又狠狠地把裴宽夸了一遍，提到裴宽很多公认的美德和光荣事迹。因为担心大舅兄的诽谤，信的最后，李白终于没忍住愤怒和委屈，说自己遭到"谤訾"以及"众口攒毁"，将其逐一反驳并赌咒发誓说自己"无辜"。

信写到这里，一般人就会结束了，顶多再发些牢骚，求同情就可以了。但那样他就不是李白了。李白不是一般人啊，在结尾处他写道："若赫然作威，加以大怒，不许门下，遂之长途，白既膝行于前，再拜而去，西入秦海，一观国风，永辞君侯，黄鹄举矣。何王公大人之门，不可以弹长剑乎？"

意思就是我把该说的都说完了，如果你还不谅解我，不让我进门，那此处不留爷，自有留爷处，我就自己去国都，凭我的才能，在哪家王公贵族门前不能弹剑啊？你不理我，到时候后悔的是你。

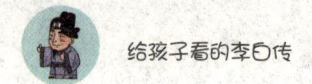

这就是李白,不乞求别人,不委屈自己,豪气勃发。

这里解释一下"弹长剑"这个词,这是一个典故:战国时一个叫冯谖的人,穷得吃不上饭,提着一把破宝剑去投靠"战国四公子⑧"之一的齐国相国孟尝君。一开始孟尝君不重视他,给他的福利待遇很一般。冯谖不满意,就弹着自己的破剑说,咱们回去吧,这里没鱼吃。孟尝君知道后觉得他可能有些本领,就说给他鱼吃。

> 你缺把破剑。

> 我到底输在哪里?

⑧ 战国四公子:指战国时期以养"士"著称的四人:魏国信陵君魏无忌、赵国平原君赵胜、楚国春申君黄歇、齐国孟尝君田文。四人都礼贤下士、广纳宾客,在当时广受好评。也称"战国四君"。

第五章　重整行囊，再上征途

哼！那群人就是嫉妒我的才华和美貌！

后来冯谖又弹着剑说，咱回去吧，出门没有车。孟尝君说给他车。冯谖还是弹剑说，这点工资不能养家啊。孟尝君又满足了他的要求。

后来在孟尝君遇到困难时，就是这个冯谖拯救了他，"**狡兔三窟**⑨"这个成语就和冯谖有关。

⑨ 狡兔三窟：出自《战国策·齐策四》。狡猾的兔子准备好几个藏身的窝，比喻隐蔽的地方或方法多。冯谖为孟尝君建"三窟"，其实就是为孟尝君谋划了不同的退路以保全孟尝君无后顾之忧。

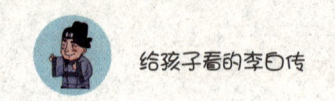

李白的意思是我有冯谖之才，啥时候能遇到孟尝君这样赏识我的人呢？

不出所料，裴长史看了这封信以后深为担忧，觉得李白情绪不稳，估计行事也不可靠。尽管才华横溢，但这个年轻人似乎太狂妄了，仿佛这个州对他这样的大鱼只是个小池塘。于是他没有回复李白，对李白渐渐冷淡起来，推荐的事也不再提了。

这封石沉大海的信让李白对当地官府灰了心。显然，这儿没人赏识他。李白很快明白，自己在安陆这个闭塞的小地方是没什么机会了，他只有再次出发。

（五）第五站：江夏送别

李白搬家了，搬到了安陆白兆山桃花岩，这么诗意的名字很符合李白的个性。他在那里构筑石室，和妻子过起了世外桃源的生活，小日子过得很惬意。

问余何意栖碧山，笑而不答心自闲。

桃花流水窅然去，别有天地非人间。

——李白《山中问答》

第五章 重整行囊，再上征途

这首诗颇能显出李白乐于隐居山间，并悠然自得的情趣。事实真的是这样吗？

李白心说：自然不是的。因为他的目标是"愿为辅弼，使寰区大定，海县清一"，也就是他要当宰相，为国家富强做出自己的贡献，只不过暂时没路子，休息一下。

李白当时虽然隐居山里，无甚作为，但他的天性是喜欢热闹的，他只是强迫自己留在那里专心读书。尤其当他的诗歌在社会上变得越来越有名时，他不可能彻底低调、完全与世隔绝。每次有朋友经过安陆，他都会出来跟朋友见面。728年春天，孟浩然给李白去信说，他要下一趟江南。李白还想再见一次这位敬爱的"孟夫子"，回信说想见面，于是他们约定在安陆以南不到一百千米的沿江小镇江夏碰头。

他们相见甚欢，一同去镇上游览、访友。李白把刚写的一些诗拿给孟浩然看。彼时两人之中，孟浩然更有名，所以孟把李白看成是小兄弟，认为他诗歌水平还有待提高。他说："看来你喜欢乐府体裁的诗歌，写诗不拘泥于格律、句子的长短。你身上有着独特的**狂放不羁**的才能，很适合这种诗体。"李白说："我看现在好多人写的乐府诗都不怎么样。我写的乐府诗，既要有古人的风格，又要有自己的特色。"孟浩然说："贤弟既有此志趣，潜心研习数年，一定会大有长进，开辟出自己的道路来。"

从那时起，孟浩然的建议——"开辟自己的道路"，就一直铭记在李白心中。

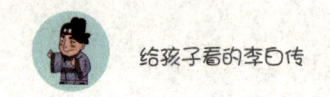

按计划，孟浩然该启程去扬州了。李白去江边送行。孟浩然上船后，李白站在黄鹤楼下，目送孟浩然的船摇摆着驶向远方，直到消失于水天之线。这正是李白曾因崔颢的《黄鹤楼》而放弃自己题诗的地点。现在，尽管崔颢的杰作仍留在墙上，但李白创作了一首更私人化的诗歌，既没有历史沧桑，也无意赞美大地的壮美，他仿佛只是脱口而出：

> 故人西辞黄鹤楼，烟花三月下扬州。
> 孤帆远影碧空尽，唯见长江天际流。
> ——李白《黄鹤楼送孟浩然之广陵》

这首诗又成了李白的一首名篇。不同于王勃《送杜少府之任蜀州》那种少年刚肠的离别，也不同于王维《送元二使安西》那种深情体贴的离别，这首诗写出的是一种充满诗意的离别。

李白与孟浩然交往，正是他年轻快意的时候，所以他眼里所看到的无不是美好。这次离别之时正是开元盛世，太平而又繁荣，季节是烟花三月、春意最浓的时候，从黄鹤楼顺着长江而下，这一路都是繁花似锦。李白是那样一个浪漫、爱好游览的人，所以这次离别完全是在很浓郁的畅想曲和抒情诗的气氛里进行的。李白心里没有什么忧伤和不愉快，相反认为孟浩然这趟旅行快乐得很，所以一边送别，一边心也就跟着飞翔，胸中有无穷的诗意随着江水荡漾。

第五章　重整行囊，再上征途

黄鹤楼也是当初李白看了崔颢的诗不敢再提笔的地方。或许他在内心从没忘记要与崔颢一决高下。几百年后，他的这首送别诗将在某种程度上超越崔颢，成为中国语言艺术的一部分。人们在朋友间辞行、表达友谊时经常引用这首诗，特别是最后两句。

回家途中，李白去安陆看望了妻子，又搬了许多书籍回到自己的旧屋。他继续每日读书，虽然时常感到颓丧，有时甚至失去信心，但和其他所有出身底层的有才青年一样，为了成功，他只能不断提高自己，读万卷书，行万里路，一旦机会来临，至少有所准备。

（六）第六站：初入长安

李白看到在安陆待着没啥指望了，地方官对自己不感兴趣，没人帮忙推荐自己，自己的大话也说出去了，现在只剩下一条路可走，那就是"西入秦海"，到长安去，寻找实现自己理想的机会。

28岁的李白再次出发。这次他独自前往安陆以西六百多千米的京城长安。长安是唐朝国都，也是当时世界上最大的城市，是那时屈指可数的人口过百万的城市。那时的玄宗皇帝还英明神武，勤于政务；那时的李林甫还不是宰相，在夹着尾巴做人；那时的杨玉环还"养在深闺人未识"。整个大唐呈现一片蒸蒸日上的势头。长安

是诗人们向往的终极目的地，一批接一批的诗人们拥入长安，成为"京漂"。贺知章、张九龄、王维等人是其中的佼佼者，拥有了身份、地位，并收获了大批的粉丝。当然，也有不如意的，比如李白的好朋友孟浩然，那个名闻天下的大才子。李白来到长安的时候，孟浩然已经黯然离开，这也意味着他基本与官场说拜拜了。

　　初入长安的李白举目无亲，他还不如孟浩然，毕竟孟浩然天下闻名，有很多人赏识他，还有王维这样的好朋友帮着他，但李

第五章 重整行囊，再上征途

白那时是孤家寡人一个，名气也不是那么响亮，想找人推荐却没有门路。

大城市长安，套路比安陆这个小乡镇要深得多。李白在这里依然经历了三次干谒。

他妻子所在的许家在长安有些老关系，在光禄卿许辅乾的帮助下，李白去拜访了宰相张说。

张说是"燕许大手笔"之一，也是一位愿意提拔有才之士的人，是愿意当伯乐的人。像李白这么有才华的年轻人，如果能得到张说这位重量级人物的推荐，那真是天大的好事。

听许辅乾介绍完张相，李白满心欢喜，不知畏惧，计划直接登门拜访。传说为了这次拜访，李白制作了一张书本大小的名帖，上面赫然写着"海上钓鳌客李白"。看到李白的名帖后，老宰相被勾起了好奇心："钓鳌客，看来就是为这个场合杜撰的名字，这是何方奇人异士呢？"主人请李白在前厅落座，问道："先生临沧海，钓巨鳌，以何物为钓线？"李白答曰："风波逸其情，乾坤纵其志，以虹霓为线，明月为钩。"宰相又问："何物为饵？"李白对："以天下无义丈夫为饵！"客人的回答让老人对他另眼相看。在读完李白带来的诗歌后，老人更加客气起来，因为他看到这个年轻人，虽莽撞笨拙、口出狂言，却是真正有天赋的。他说自己年老羸弱，基本不问政事，李白可以见见他的儿子张垍。

张垍也是当时的大官，还是玄宗皇帝的驸马，位高权重。多年

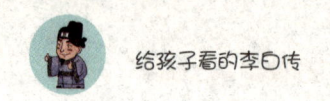

之后杜甫来长安当"京漂"的时候，也曾拜访过张垍，并得到了他一定的帮助。

张垍很快来到了客厅。他一身华服，态度疏远又礼数周到，甚至有些虚伪。在他眼中，客厅里的这位书生像个绝望的乡巴佬，说话带着浓重的川音。但他开始读李白的诗歌时，不禁倒吸一口凉气。诗歌流畅自然，感情饱满真挚，一种新鲜和独特的风格扑面而来，与京城诗人所写的那些规矩、平稳的作品完全不同。此外，李白的书法也老练俊逸。毫无疑问，这位访客的才华不可小觑。张垍有所收敛，开始谨慎地与李白交谈，然而内心渐渐升起一阵妒忌和防范：这个外乡人必须远离朝廷，否则一定会成为自己的劲敌。他表面上承诺帮助李白，但具体时间说得含糊不清，只说现在宫中无人，他们得等待最佳时机。不谙官场虚伪客套的李白以为终于碰到了伯乐，他欢欣鼓舞地离开张家，心中充满希望。

几天后张垍回访李白，说："我给你支个招，你去拜访玉真公主，肯定能行。"

玉真公主是玄宗皇帝的妹妹，热爱文艺事业，提拔、推荐了许多年轻才子，比如大才子王维。

张垍给李白发了玉真公主在终南山的别馆位置，李白就到终南山拜见玉真公主。

终南山是长安南部的一座山，离长安很近，我们所熟悉的成语"寿比南山"中的南山就是指终南山。

第五章　重整行囊，再上征途

关于这座山，还有一个"终南捷径"的故事：唐朝时有个人叫卢藏用，他很想做官却没门路，考试成绩也不好，怎么办呢？这哥们儿想了个办法，他故意隐居到终南山。在这儿隐居的大都是有学问的，因为这儿离长安近，皇帝能听到消息，如果隐居的地方远，皇帝不知道的话就白费劲了。果然，皇帝听人说他在终南山隐居，心想那一定是能人啊，就把他招到朝廷当官了。

后来道士司马承祯受皇帝重视，被皇帝召到朝廷，但人家司马承祯只想修道，不想当官，就跟皇帝说想回天台山。卢藏用指着终南山说："此中大有嘉处，何必在远？"意思是这里面大有乐趣啊，何必到远处去呢？你懂得的。但司马承祯确实不想当官，就说："以仆视之，仕宦之捷径耳。"就是我当然懂，那是做官的捷径。

这就是"终南捷径"的由来。

来到终南山的李白自然想走玉真公主这条捷径。公主别馆的景象却让李白心惊。这里空无一物，好像被废弃了，前院杂草丛生，中间辟出一方菜地。黄昏晦暗，菜地的绿色也显得更加阴沉。室内则家具破败，到处蒙着灰尘。公主显然很久没来过这里了。别馆的主人不在，李白没有办法，只好在那里等。

起初李白是满怀信心的，他这个人高度自信，认为只要见到玉真公主，公主肯定会被他的才华打动，他的理想也很快就会实现了。李白还专门给公主写了一首诗《玉真仙人词》，把玉真公主夸成了神仙。

数日之后，李白方才疑心自己可能被人耍弄了。这里荒芜破败，

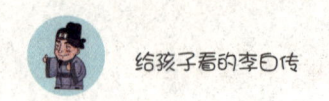

无人来访,张垍为什么把他送来?他问老家丁,才知玉真公主已一年多没来了。她在京城及周边地区有许多这样的道观、府邸,这里并不是她的最爱。所幸公主别馆存放了许多书籍,大部分是道教文本,李白借此打发了不少时间。

公主没来,但雨却来了,连绵的雨下个不停,把李白困在了别馆中。李白本想离开,但雨太大,根本走不了。一次他鼓足勇气,冒雨外出,结果一下滑倒,四脚朝天摔倒在地上,弄得满身是泥,只好回去。

在这种情形下,李白写下《玉真公主别馆苦雨赠卫尉张卿二首》,第一首的大意是:我真不走运,来到山中没见到公主反而

天不遂我愿呀!

第五章 重整行囊，再上征途

遭遇这样的大雨，整天忧愁叹息，借酒浇愁。管仲⑩、乐毅⑪这样的名人已成过往，像我这样的经纶之才却没人重用。我弹着宝剑对张公子说，没有鱼吃的日子不好过啊。

可以看出李白的愤懑，他已委婉表达出对张垍把他放到这里的不满，又一次弹剑而歌，表达自己怀才不遇的苦恼。

他在第二首中则更明确地表达了自己的愤怒，他先是写自己居所环境的恶劣，吃的也没有，厨房很长时间没开伙了，全靠邻居送些吃的，还把自己的大衣卖了换酒喝。在最后，李白写道："丹徒布衣者，慷慨未可量。何时黄金盘，一斛荐槟榔。功成拂衣去，摇曳沧洲傍。"就是说，你知道丹徒的刘穆之吗？他虽然穷困潦倒于一时，但其前途不可限量。也许有一天，我将像他一样，用黄金的果盘盛满槟榔，让你吃个痛快。

南朝宋人刘穆之年轻时家里穷，常常到岳父家蹭饭。一天吃饱之后要吃槟榔，他的舅子们瞧不起他，就笑话他说："槟

---

⑩ 管仲（约前723年—前645年）：名夷吾，字仲，世人尊称为管子，春秋时期齐国宰相，帮助齐桓公建立霸业。法家代表人物，中国古代著名的经济学家、哲学家、政治家、军事家。被誉为"法家先驱""华夏第一相"。

⑪ 乐毅：生卒年不详，燕昭王时名将，曾率领燕、赵、韩、魏、楚五国兵攻齐，连陷七十余城。

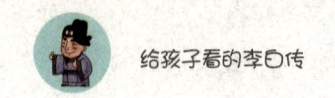

椰消食，君乃常饥，何忽须此？"意思是别嘚瑟了，槟榔是消食的，你连饭都吃不上，还吃这干啥？后来刘穆之当了大官，邀请他的舅子们来吃饭，等吃饱喝足了，他叫人用黄金盘盛了槟榔给舅子们吃。

李白这是在对张垍说：今天你对我爱搭不理，明天我让你高攀不起。

李白这才明白，张垍根本没有帮他的意思，只想摆脱他。继续待在长安没有意义了，于是在第一场冬雪落下之前，李白离开了京城。

李白去了邠州（今陕西彬州），这是一个边境城市。邠州长史李粲热情好客，他有一个巨大的宅子，随时欢迎各地的来客。他的工资也很高，所以他**隔三岔五**就举办一次宴会，歌女、舞姬、乐手和杂耍演员常在他家表演，一直闹到半夜。他对李白的境遇深表同情。考虑到他们都姓李，也许祖上有什么血缘关系，李白公开称呼他为堂兄。李粲看到了李白的诗才，但说暂时没有职位空缺，会为他留心。他不介意多一个人吃饭，请李白住在他家。邠州毕竟离长安不远，李白感激不尽，接受了安排。

两个月过去了，李粲家里确实聚会不断，李白每次都陪同参加。他们一边享用美酒、美食，一边欣赏表演、吟诗作对。开始李白也享受免费的吃喝玩乐，但很快他觉得自己在浪费生命。如果继续这样下去，自己很可能会荒废光阴、**一事无成**。

他在即席作诗时，尽管还会对眼前的排场极尽赞美，但开始加

第五章 重整行囊，再上征途

入自己的愁绪。在一首诗中，他甚至提到堂兄的俸禄，仿佛拿堂兄的优渥与自己的困境做对比，在诗歌最后写道："寒灰寂寞凭谁暖，落叶飘扬何处归。"

读了这首诗，李粲心里很不是滋味。想自己如此好吃好喝地招待李白，他还一副戚戚可怜状，是在埋怨我没有给他推荐职位吗？看来他不仅**自命不凡**，还不知感恩，否则为何多年以来，他一次机遇也没得到呢？这样不识抬举的人，还是尽快打发他走吧。他叫来李白，告诉他坊州（今陕西省黄陵县隆坊镇）司马王嵩需要一名助手，他推荐李白去。

李白别无选择，只能前往离这里六十多公里的坊州。和李粲一样，王嵩也喜欢呼朋引伴、在家里举办歌舞宴会。他对李白也很客气，请他一起参加各种宴会。李白照例在宴会上即席写诗助兴，主人和客人们都**赞不绝口**。但他仍时不时表明自己的鸿志和目前的境遇，希望王嵩推荐他在当地政府中任职。

然而，王嵩和李粲一样，也对李白的性格感到怀疑，怕自己受到牵连，也没有尽力帮助李白。再说，作为州里的司马，他几乎没有实权——这样的官职往往是朝廷安置的闲散人员，只因这个头衔而获得一份社会尊重罢了。

李白再一次认清了自己的处境，他决定离开。出于礼貌，王嵩给了他一笔数目不小的盘缠。李白需要这笔钱，这笔钱可以供他在京城再待一段时间，他决定回到长安。

在这段时间里，李白每天都想念安陆家中的妻子，但他出来混

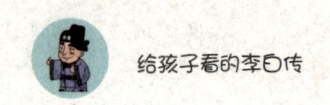

了这么久，却**一无所获**，自己又觉得没脸回家。所以，他只能断断续续地为妻子写了一组十一首的爱情诗，统称《寄远》。据说李白在寄往家中的信件中夹带了几首，但信件不可靠，妻子也许从未收到过这些信。

在长安晚上睡不着觉时，李白隐隐听到阵阵的捣衣声，那是女子们在为戍边亲人准备御寒的衣物，那声声敲砧声是女子对心爱的人的思念。

长安一片月，万户捣衣声。
秋风吹不尽，总是玉关情。
何日平胡虏，良人罢远征。

——李白《子夜吴歌·秋歌》

长安西边很远的玉门关和临洮接近边境，在那里唐军经常和来骚扰的少数民族部落交战。这首诗就是借远征战士们留在家乡的妻子或恋人之口表达了她们的担忧和思念，完全摆脱了李白早期诗歌中描写歌女或艺伎的那些轻浮颓废情绪。从这首诗中可以看出有了更多的经历和见闻后，李白成熟了，他的诗歌也有了新的深度。

干谒无门的李白有些自暴自弃了，开始和长安的一些不良少年混在一块儿。他们斗鸡、喝酒、赌博，甚至还在一块儿打群架，被治安部门抓住了。幸亏他的朋友陆调帮忙，把他救了出来，才没留

第五章　重整行囊，再上征途

下案底，否则这样的经历可能对他的形象产生不良影响。

在长安一年左右的时间，李白受冷遇、被忽略，还差点惹上治安官司，这些都让他**心灰意冷**，也让他认识到人生的不易。

罢了，既然此地不留人，我且离去吧！

（七）第七站：洛城闻笛

带着失意与不甘，李白向东而去。他先后来到开封、商丘、宋城等地，游览当地的古迹。

一个人的行程很孤单，这年秋天，李白来到河南西部的嵩山，这里因为很多道士在这里静修闻名天下，是全真教的发源地，而中国佛教禅宗祖庭少林寺也坐落在嵩山里的少林山上。

李白去嵩山，还因为他听说那里有一位被称为"焦炼师"的女道士，尤擅制作长生不老药。据说她已两百多岁，但看起来只有五六十岁。她平时只吃少量、珍稀的植物精华，却身强体健，可以日行千里，是个活神仙。几个星期以来，李白爬遍了嵩山的三十六座山峰，都没找到大师。于是，他写了一首诗，表达了对这位来无影去无踪的焦炼师的钦佩，告诉她自己来此地拜访过她。虽无缘相见，但李白坚信大师的存在，因为当朝不少其他诗人，如李颀和王昌龄，都提到过焦炼师这位神仙，都写诗敬献给她，赞叹大师的本领，甚至描述过与大师的会面情景。李白在《赠嵩山焦炼师》的结尾写道："紫书倘可传，铭骨誓相学。"表达了想跟大师拜师学道的强烈愿望。

第五章 重整行囊，再上征途

女大师代表了一种超凡脱俗的神仙境界，也许是最近的不断挫败加剧了李白对这种自由逍遥生活的向往，加上嵩山里还有许多其他富有历史或传奇色彩的地点，李白挨个去寻访。

他在山脚下碰到了朋友元丹丘。两人都激动不已，免不了又是彻夜长谈、一同抚琴吟诗。李白此番去长安前，已遇到过元丹丘，两人相伴旅行了十多天，没想到在这里又再次相遇。

元丹丘的家在嵩山脚下，颍水岸边，靠山临水，景色宜人，李白很是喜欢。

给孩子看的李白传

见到李白,元丹丘很高兴,两人饮酒谈诗,游山赏水,不亦乐乎。李白很享受这种生活,甚至想像元丹丘一样过隐居的生活,他写了一首诗,很能体现他的这种想法。

故人栖东山,自爱丘壑美。
青春卧空林,白日犹不起。
松风清襟袖,石潭洗心耳。
羡君无纷喧,高枕碧霞里。

——李白《题元丹丘山居》

可是,在元丹丘家住了一段时间之后,李白就待不住了,他就不是那种"闲人"。洛阳离嵩山不远,是大唐的东都,是一代女皇武则天[12]主要的办公地点,被称作"神都"。这样一座大城市近在咫尺,李白自然要去游览一番的。于是李白辞别元丹丘,来到洛阳。

⑫ 武则天(624年—705年):唐朝政治家,中国历史上唯一一位女皇帝。她重视延揽人才,首创科举考试的"殿试"制度,而且知人善任。她主政期间,政通人和,文化复兴,百姓富裕,上承贞观之治,下启开元盛世,史称"贞观遗风"。死后立"无字碑",有"任人评说"之豪迈胸襟。

第五章 重整行囊，再上征途

在洛阳，他结交了两个好朋友——元演和崔成甫。和李白不同的是，元演对出仕或修道都没什么热情，他只是喜欢李白，想拉着朋友一起四处玩耍。

他们在一块儿玩得很开心，黄金碧玉都用来买酒喝，一醉就是几个月，根本不把那些王侯们放在眼里。

这年春天的一个夜晚，在洛阳的一个豪华酒店里，李白忽然听到一阵悠扬的笛声，侧耳一听，竟然是《折柳曲》，这首曲子一下子就触动了他内心最柔软的地方，引爆了他的小宇宙，随即一首名作随着那婉转的笛声而千古传唱。

谁家玉笛暗飞声，散入春风满洛城。
此夜曲中闻折柳，何人不起故园情。
——李白《春夜洛城闻笛》

古诗里，"柳（留）"是伤别、留恋的意象。一曲羌笛的《折杨柳》让李白无比思念家中的妻子。连日来蓄积在心中的思乡之情喷薄而出。不能再拖延了，李白终于决定立刻往南，直奔安陆。

离开将近三年，如今终于回家了。这段时间，妻子给他捎过信，但李白居无定所，妻子从没收到过回信。她也拜托去京城的人帮忙打听李白的消息，但并无回音。看到李白回家，妻子又惊又喜。

近年来，妻子的健康状况不好，身体越来越虚弱。李白带她去了北寿山的旧房，那里无人打扰。李白和书童丹砂在房子一侧加盖了一间小披屋，在前院放置了一张石桌和四个石凳，小家像模像样。时节已是仲秋，空中时而飘舞着脱落的树叶，夜晚天气变得更凉，但李白和妻子在那里度过了一段温馨而平静的时光。

（八）第八站：襄阳失意

公元733年，张九龄当了宰相，在这位名相的治理下，在玄宗皇帝的英明领导下，大唐继续高歌猛进，"**开元盛世**⑬"继续刷新着自己的记录。但这种大好的局面和李白无关，这一年，他都待在北寿山，他在那里开山、种田、种果树、读书，好像真的心无旁骛地过起了不问世

⑬ 开元盛世：唐玄宗开元年间（713年—741年），政局稳定，经济繁荣，文化昌盛，国力富强，唐朝进入全盛时期，并成为当时世界上最强盛的国家之一，史称"开元盛世"，又称"开元之治"。

第五章　重整行囊，再上征途

事的隐居生活。

这期间，他写了一首诗，颇能反映他的生活：

两人对酌山花开，一杯一杯复一杯。
我醉欲眠卿且去，明朝有意抱琴来。
——李白《山中与幽人对酌》

在家宅了一年的李白终于宅不住了，他就不是那种能安安稳稳过日子的人，一年安居的时间对他来说已属不易了。

后来，他评价自己生命中的这段时期，说自己"酒隐安陆，蹉跎十年"，仿佛自己真的从此就会一蹶不振了。然而，这段平静无奇的人生比他生命中的其他时期都更像他一直梦寐以求的归隐生活。

这年夏天，李白来到江夏，在那里他遇到了好友宋之悌。宋之悌是初唐著名诗人宋之问的弟弟，那时正不走运，被贬到交趾郡，就是现在的越南北部地区。李白为好友的不幸而悲伤，写诗为他送别，诗中写道："平生不下泪，于此泣无穷。"

在李白众多的送别诗中，这首并不算最好的，但同样感情真挚，感动了宋之悌。多年之后，李白入狱，那时他结交的很多人都袖手旁观，怕惹祸上身，但宋之悌的儿子宋若思却挺身而出，**千方百计**把李白从狱中救出，估计是宋之悌把李白写诗相送的事告诉了自己的儿子。那份朋友间的温情，让他的儿子宋若思一直铭记于心。

此次离开安陆，没了岳父的资助，李白必须自己挣钱养家。他

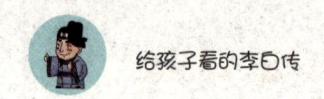

去襄阳找孟浩然商量。四年前他们在黄鹤楼分手后,孟浩然去了江南,又辗转到了长安。但李白第二年夏天也去长安时,孟浩然已经离开了。现在两人又见面了,都很高兴。听了李白最近的遭遇后,孟浩然劝李白别灰心,也许还有一个机会——他的一个熟人韩朝宗刚去邻近的荆州担任长史兼山南东道采访使,李白或许可以去那里再试一试。

韩朝宗以喜欢推荐人而出名,他已经推荐过崔宗之等人,可谓那时的伯乐。当时流传着"生不用封万户侯⑭,但愿一识韩荆州"这样一句话,可见他在人们心中地位之高。

这位韩荆州,不久前还对李白的偶像好友孟浩然伸出了橄榄枝。事情是这样的:

孟浩然当了一段时间的"京漂"之后,参加了当年的"高考",但成绩不理想,没有通过。但是老天爷好像格外看重他,他竟然见到了玄宗皇帝。面对上天的恩赐,孟浩然却突然情商不在线了,献给皇帝一首《岁暮归南山》,把玄宗皇帝给得罪了,只好黯然回家。

也许是老天爷太喜欢孟浩然了,又从天上给他扔了一块馅饼:这位韩荆州非常欣赏孟浩然,认为这么好的人才不做官是大唐的损

⑭ 万户侯:食邑万户(靠一万户以上的人家交的租、税供养生活)以上,号称"万户侯"(汉代侯爵最高的一级),后来泛指高官贵爵。

第五章 重整行囊，再上征途

失啊，于是韩荆州就和他约好一块儿去长安，要把他推荐给朝廷。

结果到了那天，孟浩然这哥们和朋友在一块儿喝酒，他的那位朋友还提醒他："孟哥，别喝了，你和韩朝宗不是约好去长安吗？别误事了。"谁知孟浩然说："已经开始喝酒了，别管他，咱高兴就行了。"结果硬是放了这位韩伯乐的鸽子。

孟浩然也天生糊涂，不熟悉官场规矩，连一句道歉的话都不曾说过，更没意识到自己做错了事，自然也没提醒李白。这次干谒注定要失败，而李白对此一无所知。

带着美好的憧憬，李白希望得到韩伯乐的赏识，于是又满怀希望地写了一篇文采飞扬的文章《与韩荆州书》。文中李白既拍了韩伯乐的马屁，又宣传了自己，用语精妙，收放自如，很能体现李白的实力，他自己也比较满意。

这篇激情澎湃的文章确实让韩朝宗过目难忘。他看得出李白才华过人，精力和想象力都特别旺盛，但李白的豪言壮语和夸大其辞也让他心生迟疑：此人说起话来自视甚高、**咄咄逼人**又冲动任性，听说，与当地其他人不同，李白不愿遵守规则向高官跪拜，只代以长揖。如果李白上任后也这么任性独行，惹了乱子怎么办？再加上孟浩然的先例，让他感到有些人不缺才华，可就是不适合做官，于是他把文章扔到一边，不愿理睬。

想想李白也够悲催的：从《上李邕》《上安州李长史书》《上安州裴长史书》，到长安求推荐没人搭理他，再到现在他写了《与韩荆州书》也受到冷遇。李白心里哀叹：为什么受伤的总是我？我

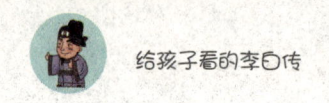

究竟做错了什么？对李白来说，这次失败是对他骄傲和自尊心的彻底侮辱和沉重打击，之后的许多年中，李白再也没写过类似的文章，算是死了干谒这条心。

（九）第九站：梦回太原

时光很快进入了735年，那一年，玄宗皇帝颁布了很多诏书，其中一道是册封杨玄琰之女为寿王妃。这在当时是一道普通的诏书，但历史证明这并不普通，因为那名女子的名字叫杨玉环。

也是那一年，李白的好友元演又来找李白了。这哥们儿真是崇

第五章　重整行囊，再上征途

拜李白，做事非得带着他不可。他要去太原探亲，因为他父亲在太原当太原尹。元演想自己的老爹了，就想带李白一块儿去。

李白也想见识一下北方的景色，就同意了。这哥俩**跋山涉水**来到太原。元演父亲看到儿子和李白同来，非常高兴，热情招待了他们，给予李白极高的礼遇。那时李白虽然只是乡下布衣，无钱无势，但在诗坛已颇负盛名，到处都有听说过或喜爱他诗歌的人。元演父亲觉得李白既是稀客又是贵客，他骄傲地把李白引荐给当地的名门望族。李白少不了四处应酬，又在酒席上展现诗才，给大家咏诗献文。李白很快成为大家的偶像人物，到哪儿都深受欢迎。李白也特别钦佩那些军官的勇敢和奉献精

小日子过得真舒服！

神，有空就爱去观看大家习武练兵。李白甚至也去试了试弓箭，他在这方面其实早就是个高手。在一首诗中，他说自己曾"一射两虎穿"，虽然不知真假，但看得出李白对自己的箭术相当自信。

李白在太原吃得好、喝得好、玩得好，都不想回家了。

彼时，到边关镇守的长官中不乏很有诗才的人。李白和元演去古战场，在那里吟诵这些诗人的作品，这些诗人作为军官，也许昔日就在脚下的这片土地驻扎甚至战斗过。李白和元演也爱唱一些已被谱上曲的诗词，主要是一种叫作《凉州词》的民间曲调，在西北一带特别流行。比如以下两首：

葡萄美酒夜光杯，欲饮琵琶马上催。
醉卧沙场君莫笑，古来征战几人回？

——王翰《凉州词》

黄河远上白云间，一片孤城万仞山。
羌笛何须怨杨柳，春风不度玉门关。

——王之涣《凉州词》

这两首诗都是与李白同时代的诗人写的，但这些诗句的音乐性及其展现的空间让李白深深折服。他也想在自己的作品中创造出更广阔的空间，展现更宏大的能量和气势。

第二年春天，李白才和元演告别，踏上回家的路。经过嵩山时，

第五章 重整行囊，再上征途

他又去拜访了好友元丹丘，两兄弟又是一番饮酒作诗，然后李白才依依不舍地离开。

李白回到家不久，南阳人岑勋到嵩山元丹丘处找李白，没想到李白已经离开。元丹丘也想念李白了，就对岑勋说，你在我这儿等着吧，我把李白叫来。

元丹丘以前就跟李白提过岑勋，说他出身名门，从小熟读诗书，但对科举和做官不感兴趣。岑勋很崇拜李白，以前听说李白在嵩山时，就曾特地跋涉数百公里去了嵩山，想见偶像一面，遗憾当时无缘相会。元丹丘在信中也附了岑勋的一首诗，李白看了后觉得此人是真正的诗人——他最愿意与之结交的人。他想起长安的一位学者也提到过这位年轻公子的非凡才华。岑勋如此欣赏自己，李白觉得很感动，接到信后就来到嵩山。

李白和岑勋一见如故，两个人叽里呱啦地谈个没完，就像是老朋友一样。

元丹丘和岑勋都是远近闻名的隐士和嗜酒之徒，如今再加上李白，更是美酒不断、无酒不欢了。元丹丘做东，下午就在他家小屋的前院设宴招待李白和岑勋。三人一边品尝佳酿，一边**谈笑风生**、吟诗作对。岑勋想要目睹李白神奇的作诗本领，迫不及待地起了个头，结果李白**不假思索**地就完成下句，接着整首诗脱口而出。李白作诗的速度和精妙让元丹丘和岑勋都**瞠目结舌**。三人继续饮酒唱歌、弹琴念诗。岑勋在音乐上很有造诣，为大家表演古琴，技艺纯熟。一直闹到月上云端，岑勋觉得大家应该回去休息了，想不到李白**意**

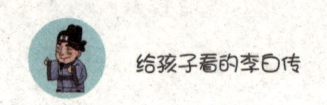

犹未尽,他甚至跳起了在太原刚学会的一种边疆舞蹈,一会儿跺脚,一会儿甩袖,一会儿转圈,把大家逗得哈哈大笑。

酒逢知己千杯少,三人决定去小山的另一侧岑勋的家里继续狂欢,在那里可以更加清楚地看到月亮,也能看到伊洛河向东流入黄河的景色。黑暗中几乎看不到河水,但星星点点的红光在缓慢漂移,可知那是渔船上的灯笼。他们上坡来到岑勋的小屋,又开坛畅饮。夜更深,大家喝得更醉了,尤其是李白,酒精刺激了他的神经,他越喝越兴奋,他感觉到酒精在胸中翻腾,诗意要爆发了。李白让元丹丘取出笔墨纸砚,说他又想好了一首新诗。在一对油盏发出的橘黄色灯光下,他慢慢朗诵,元丹丘笔录:

第五章 重整行囊，再上征途

君不见黄河之水天上来，奔流到海不复回。
君不见高堂明镜悲白发，朝如青丝暮成雪。
——节选自李白《将进酒》

厉害了，一上来就气势磅礴，**荡气回肠**，让人回味无穷。

人生得意须尽欢，莫使金樽空对月。
天生我材必有用，千金散尽还复来。
烹羊宰牛且为乐，会须一饮三百杯。
——节选自李白《将进酒》

我愿长醉不醒……

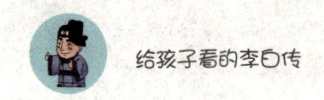

即使"千金散尽"也不在乎,这是何等的豪举!让我们为李白的豪气拍拍小手。

> 岑夫子,丹丘生,将进酒,杯莫停。
> 与君歌一曲,请君为我侧耳听。
> ——节选自李白《将进酒》

喝了酒的李白简直是全才,能写诗,会唱歌,还曾经跳过舞,放在现在那就是"三栖"明星,且听李白唱些什么:

> 钟鼓馔玉不足贵,但愿长醉不复醒。
> 古来圣贤皆寂寞,惟有饮者留其名。
> 陈王昔时宴平乐,斗酒十千恣欢谑。
> 主人何为言少钱,径须沽取对君酌。
> 五花马、千金裘,呼儿将出换美酒,与尔同销万古愁。
> ——节选自李白《将进酒》

"荣华富贵对我来说不算什么,我只愿长久地醉着不愿清醒。你们看,自古以来圣贤都是被世人冷落的,只有那些好喝酒的人才留下美名。想当年曹植举行宴会的时候,那排场大了去了,他们喝的美酒价值万千,每个人都喝得很尽兴。老元,作为主人你不要说没钱,把名贵的五花马、千金裘拿去换酒喝,今天我们就借酒消除

第五章 重整行囊，再上征途

那万古的愁绪，来，全干了！"

这首诗里的能量和疯魔的情绪让元丹丘和岑勋再次惊叹不已。上一句诗还沉痛悲伤，下一句便豪迈狂喜，颠三倒四的兴奋中掩藏着深深的哀愁。元丹丘和岑勋都对李白佩服得**五体投地**，久久无语。后来，他们告诉别人李白如何一挥而就，如何亲眼看着他不假思索地让诗句倾泻而出，然后每个字、每一行、每个韵都正好到位——这首诗一脱稿便是完美的杰作。他们说，只有神仙才能做到这样，这些诗句只能来自仙人。此后，每当他们谈起李白时都**唏嘘不已**：这个世界上没有一个职位配得上李白的天才。

次日上午，元丹丘让李白给这首诗起名。李白说应与饮酒有关。丹丘思考片刻，说就叫将进酒（请喝酒）怎么样？三人都喜欢这个提议——《将进酒》本是汉代乐府的一个古老曲名，意在祝酒，邀请大家举杯一饮而尽，这个题目正与之遥相呼应。从那以后，这首诗就成为李白被引用最多的作品之一，特别是伙伴们一起聚会喝酒时，常有人引用其中的一两句作为助兴。

李白的《将进酒》一诗，迅速传遍大江南北，好评如潮，实在是请客喝酒必备之美文。

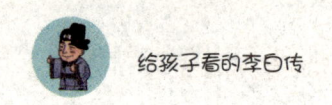

（十）第十站：迁家东鲁

740 年的大唐王朝继续往前发展，玄宗皇帝还奋发有为，员工们还兢兢业业，李林甫还没有权势遮天，杨国忠还在四川低眉顺眼地看别人脸色。

那年的全国人口达到四千八百一十四万，为世界之最。长安、洛阳的米价每斛不到二百钱，基本解决了绝大部分人的温饱问题。旅游业很发达，酒店到处都有。

那年发生了一件看似不起眼的事，但对以后的大唐产生了很大的影响，那就是寿王妃杨玉环奉皇命出家成了道士，而后被玄宗接入皇宫，成了大唐贵妃，他们过起了幸福的日子。

还有一件事和李白有关，就是他的好朋友孟浩然去世了。

孟浩然得了疾病，本来快好了，大夫就叮嘱他说，你的病忌食海鲜，只要不吃，用不了多久就好了。一天他的好朋友王昌龄来看他，好友相逢，孟浩然很激动，很任性，竟然不顾医嘱吃了海鲜，结果王昌龄还没离开他家，孟浩然就离开了这个世界。

孟浩然活得潇洒，走得随性。李白听了悲恸不已，他还专门为孟浩然带来了一坛美酒，却只能一人独饮。

第五章　重整行囊，再上征途

> 大家一定要听医生的话。

　　这一年李白搬家到了鲁郡，也就是现在山东南部的兖州附近。鲁郡地方广阔，土地肥沃，粮食物产丰富。孔子曾在那里漫游、宣讲教义，儒家的影响力在那里一直很大，人们尊师重教，孝敬父母，奉行儒家坚持的忠孝温良等美德。鲁地产生过许多伟大的思想家，如孟子和墨子。

　　李白在那儿有很多亲戚：叔叔在任城当县令，哥哥在中都当县令，族弟李凝在单父当主簿，从祖李之芳在济南当太守……所以他是投靠亲友来了。

　　去鲁郡还有一个原因，李白想尝试求官的新途径。他一直以自己的剑法为傲，他认为自己可以成为一名出色的军官。当时大唐民间有三位牛人，即"剑圣"裴旻、"草圣"张旭和"画圣"吴道子。

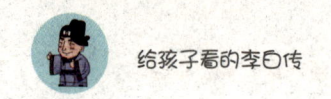

这位最伟大的剑术大师裴旻将军就住在鲁郡。裴旻在西北边境打了许多胜仗，是皇帝最喜欢的将领之一。李白想跟裴旻学习剑术，梦想在他的指导之下，自己也成为一名大师。离开安陆前，李白曾给裴旻写信说想拜师学艺，尽管李白的诗名也不小，但裴将军没有回信。

李白到鲁郡后，裴将军的侄子却亲自请他去府上做客。李白欣然前往。

到了将军家，李白看见院子里摆着一张闪亮的桌子，桌旁的石鼓凳上放着一海碗墨汁。他正琢磨这些是做什么用的时，主人和一个瘦削的老人一起出来了。老者头戴皂帽，白须飘飘。裴将军给李白介绍说，这位是吴道子。原来大唐的剑术大师和绘画大师是好朋友。李白欣喜不已，没想到唐朝三位大咖，一下就见到了两位，简直不虚此行。

裴将军准备了丰盛的晚宴招待他们。晚宴进行到一半，吴道子提出想一睹将军舞剑的风采，于是裴将军穿上皮护甲，拿起剑，走到院子中间。一时间只见裴将军手中的剑如旋风，又如闪电，李白几乎看不清剑的动向和招式。随着身体的腾挪舞动，将军刺、劈、挑，剑仿佛成为他的肢体。在座的宾客包括仆从们都欢呼鼓掌时，李白才意识到自己的剑术是多么粗糙、幼稚。

宝剑入鞘的那一刻，吴道子起身走向为他准备好的空白墙。两名仆人将墨汁和一组画笔放在墙脚。吴道子拿起一支笔，饱蘸墨汁开始画画。他的笔触似乎像裴旻舞剑一样有力，移动的速度也一样快。

第五章　重整行囊，再上征途

不久，小山、嶙峋的树和人形开始在墙上出现。人们**屏息凝神**地看着。很快壁画完成了。

李白也很激动，本来就十分期待，现在竟一下目睹了两位大师的精彩表演。

除了被邀请去裴府做客外，在鲁郡任城，李白也受到了热烈欢迎，和新交的朋友四处游山玩水。在这里，李白结识了山东名士孔巢父、韩准、裴政、张叔明、陶沔。李白和他们几人脾性相投，很谈得来，经常在一块儿讨论怎样才能用自己的才华为社会做点贡献。

韩准提议："咱去参加'高考'吧，金榜题名，岂不快哉？"

"此路不通，你看孟浩然那么大名气，写的诗连皇帝都知道，还不是没过分数线，就咱这水平能比得上他？"裴政摇着头说。

"就是，通过率太低，一年才招二十多个，其中很多是关系户。"张叔明附和。

陶沔说："要不咱们求人推荐，只要有大人物替咱们说话，咸

鱼翻身那是分分钟的事。"他说完，大家齐刷刷地看向李白。

可不是吗？李白十几年来一直求推荐，却从未被正视。

最后还是孔巢父有主意，他建了群聊，把另外五个人拉进去，并给他们组的团取了个名字叫"竹溪六逸"，活动地点就在徂徕山。他们这是在效仿魏晋时期嵇康⑮、阮籍等人的"竹林七贤"，但不同的是嵇康他们是躲避现实，不想当官。而这几个伙计是想通过这种方式让人家知道他们的才能，渴望为国出力。

组团完成之后，他们就搬到徂徕山竹溪旁，过起了隐居的生活。他们大声地向世人宣布：我们要让全世界的人知道我们是低调的人，我们平时做的也就是饮酒赋诗、弹琴唱歌、端酒问月，这些可都是有才的人才做的哟。

这种日子过了几个月，并没有达到预想的效果。也许这里离长安太远，也许他们的名气不够大，也许走"终南捷径"的人太多，朝廷顾不过来，总之，再这样下去，他们可能真的要隐居了。

李白偶尔还会去附近的郡县云游一番，看看能否获得一个职位。大多数官员要么不接这个茬，要么暂时口头答应，日后便不再提起。

⑮ 嵇康（224年—263年）：字叔夜，三国时期魏国人。著名思想家、音乐家、文学家。主张"越名教而任自然"，为"竹林七贤"的精神领袖。世称嵇中散。代表作：《幽愤诗》。

第五章　重整行囊，再上征途

只有在一个叫中都的小县，李白感受到了一份发自内心的尊重。一日午后，李白坐在一家饭馆外面，一个年轻人走来，手里拎着两尾鱼，显然是刚从附近的鱼贩那里买的，还提着一坛酒。年轻人把东西在桌上放好，便对李白深深鞠了一躬，说自己是中都小吏冯七朗，倾慕李白已久，希望诗人赏光，给他一个机会请李白尝尝当地的美酒和美食。李白很惊讶，说不认识他。冯七朗再次鞠躬，解释说，自己从小诵读李白的诗歌，这么多年就好像一直追随着诗人一样。李白高兴地接受了年轻人的馈赠，立即请小二烹鱼煮酒。继而两人对酌，直到酒酣饭饱。

冯七朗也对李白提了个小小的请求——为他写首诗。喝得半醉的李白提笔就写下《酬中都小吏携斗酒双鱼于逆旅见赠》。一首诗完结，李白觉得还不够表达谢意，接着又写下另一首：

> 兰陵美酒郁金香，玉碗盛来琥珀光。
> 但使主人能醉客，不知何处是他乡。

——李白《客中行》

"竹溪六逸"的日子固然舒适，却离心中的梦想越来越远，渐渐地，李白待不下去，干脆回家陪妻子了。孔巢父、韩准、裴政还去看过他，李白热情招待他们，临别给他们送行时写下《送韩准裴政孔巢父还山》，后来他们各奔前程，"竹溪六逸"的故事也成为美谈。

第六章
仰天大笑出门去

　　公元742年对大唐来说很不平凡，这一年，玄宗皇帝改"开元"为"天宝"，用了整整29年的"开元"年号成为历史。

　　改年号的原因很多，一方面那一年他的大哥李成器和他的一个堂兄先后去世，同辈兄弟中只剩下他一个人，什么时候轮到他只有天知道，他肯定心里不得劲。那时玄宗皇帝已58岁，他感到有些孤单。

　　再有就是那时的玄宗皇帝已建下丰功伟绩，国家空前壮大，外有良将守边扩土，内有朝臣治理得当，还有如花美人常伴左右，他觉得该是享受发展红利的时候了，改年号也是顺应潮流。

　　也许是明白皇帝的心思，有个叫田同秀的小官居然说，他在大明宫的上空看见老子了，而且老子隔空对他喊话，说："我在尹喜故宅藏了个宝符。"故宅是怎么回事呢？尹喜是函谷关的关令，当

第六章　仰天大笑出门去

年老子出关，尹喜是他的粉丝，说你这一走，不知能不能回来，给后辈们留点东西吧，老子就写了五千字的经典《道德经》①。

现在田同秀说老子在尹喜当年的宅子里还藏了一个宝符，简直就是胡说八道，正常人一听就知道田同秀撒谎，这是在用这种方式讨好皇帝。但玄宗皇帝竟然信了，赶紧派人去找。果不出所料，轻松找到这个宝符（肯定能找到啊，这就是田同秀放的）。玄宗皇帝很高兴，觉得这是天降宝符，因此就改变年号为"天宝"了。

改年号之后，普天同庆，大赦天下，官员们也都升职加薪，整个大唐呈现一片和谐气息。田同秀自然而然地得到了赏赐。

这一年李白的好朋友元丹丘来到长安，见到了玉真公主。元丹丘和玉真公主关系处得很不错，他就向玉真公主提起了李白，夸赞自己的朋友文采冠绝当下，讲义气，懂剑术，总之把李白夸得是此人只应天上有，人间有一已万幸。

后来他又拿出李白写的《玉真仙人词》。玉真公主见李白把自

---

①《道德经》：春秋时期老子的哲学著作，文意深奥，包涵广博，被誉为万经之王，对传统哲学、科学、政治、宗教等都产生了深刻影响。据联合国教科文组织统计，《道德经》是除了《圣经》以外被译成外国文字发布量最多的文化名著。

己写成神仙,心里美滋滋的,就把李白的名片推荐给了她哥哥玄宗皇帝,皇帝见自己的妹妹亲自推荐,很重视,就下旨召李白入京。

在外游玩刚刚回家的李白听到皇帝召他入京的消息,高兴得不得了,当即写下那首著名的《南陵别儿童入京》:

白酒新熟山中归,黄鸡啄黍秋正肥。
呼童烹鸡酌白酒,儿女嬉笑牵人衣。
高歌取醉欲自慰,起舞落日争光辉。

——节选自李白《南陵别儿童入京》

第六章 仰天大笑出门去

这么多年来,这是李白喝酒喝得最舒畅的一次,又是唱又是舞,简直是有些疯狂了。其实更狂的还在后面呢。

游说万乘苦不早,著鞭跨马涉远道。
会稽愚妇轻买臣,余亦辞家西入秦。
仰天大笑出门去,我辈岂是蓬蒿人。
——节选自李白《南陵别儿童入京》

李白诗中的朱买臣是西汉时的大臣,他中年时还很困顿,四十多岁还和妻子在山中以砍柴、卖柴为生,他边挑着柴边读书,引来人们的嘲笑。他的妻子感到很羞愧,离他而去。后来朱买臣受到汉武帝重视,做了会稽太守,相当于绍兴市市长,人生实现逆袭。

李白直呼:"我就是另一个朱买臣,我要让那些瞧不起我的人看看我是怎么平步青云的!"

"仰天大笑出门去,我辈岂是蓬蒿人"是一句多么豪气万丈的话,千年以后仍能让人感受到振奋的力量!

第七章

"金龟换酒"留美谈

鲁郡到长安通常要走一个多月，但李白快马加鞭，十五天就到了。**春风得意**的李白行走在长安街头，此时的心情和初来时大有不同。那时他到处递简历，却没人理他。现在情形就完全不同了，皇帝召他来，他有了施展才华的机会，一定要大展宏图，让那些人知道不结交自己是他们的损失。

来到长安，李白住进了朝廷专为奉旨入朝的人提供住宿的招贤馆。他并没有马上见到皇帝，那可不是谁想见就见的人，只能慢慢地等机会。

等待的日子总是很难挨的，还好长安有的是好去处，李白就到各处转转，一面熟悉未来的工作环境，一面打发无聊的时光。

一天，他来到长安紫极宫，本是打算随便逛逛，却在这里遇到一位当时的大咖——贺知章。说贺知章是大咖一点儿都不过分，他

第七章 "金龟换酒"留美谈

留着山羊胡子,是朝廷重臣,深受皇帝喜欢,任职秘书监,大致相当于现在的国家图书馆馆长,人们亲切地称他为"贺监"。

他在文坛也相当有身份地位,他的诗清新潇洒,广为人知,尤其是那首《咏柳》:

> 碧玉妆成一树高,万条垂下绿丝绦。
> 不知细叶谁裁出,二月春风似剪刀。
>
> ——贺知章《咏柳》

不管是把树比作碧玉,还是把春风比作剪刀,都是那么自然

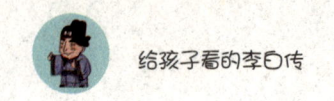

贴切，毫无雕琢痕迹，让人赏心悦目。很难让人相信这诗出自一位八十多岁的老人之手，这是一位多么有童心和想象力的人啊。

这是一首广受学生们喜欢的作品，在最受学生喜欢的诗词排行榜上，紧逼李白的《静夜思》，在唐诗里位列前十名。就这一首诗，便为他收获了不少的小粉丝。他还创作了《回乡偶书二首》：

少小离家老大回，乡音无改鬓毛衰。
儿童相见不相识，笑问客从何处来。
——贺知章《回乡偶书二首（其一）》

这首诗一出来，街头巷尾，四处传唱，又带走一大波流量，直接令他的人气爆棚。

贺知章能写出这样的好诗一点也不令人意外，因为他是武则天时的"高考状元"，那才能自然是杠杠的。

贺知章不仅有才，人品还好，很受人喜欢，因此，很多人邀他入群，他加入了好几个重要的群聊。

比如他加入了"吴中四士"群，成员除了他，还有张若虚、张旭和包融。张旭人称"草圣"，是个大牛人，他的草书与李白的诗歌、裴旻的剑舞并称"三绝"。张若虚也很牛，他的《春江花月夜》天下闻名，有"孤篇盖全唐"之誉。意思就是他这首诗是唐朝最好的，排名第一。包融也是唐朝著名诗人。因为他们的家都在吴中，所以称为"吴中四士"，可以说这是一个地方名人群。

第七章 "金龟换酒"留美谈

他还在一个叫"仙宗十友"的群里,里面有孟浩然、王维、司马承祯等名人。当然带有"仙"字,自然也少不了李白。

李白来长安后,贺知章又加入了一个群,那个群叫"饮中八仙",我们后面再说。

那年,他们在紫极宫第一次相逢,李白仰慕贺知章,贺知章早听过李白的大名,两人<u>一见如故</u>,相谈甚欢。

李白把自己写的《蜀道难》拿给贺知章看。贺知章展开书卷,只见上面写道:

噫吁嚱,危乎高哉!
蜀道之难,难于上青天!

——节选自李白《蜀道难》

一开始，李白就先声夺人，用蜀地人常用的"噫吁嚱"来惊叹蜀道之高，直入主题——高！贺监果然一开始就被吸引，急着往下读。

蚕丛及鱼凫，开国何茫然！
尔来四万八千岁，不与秦塞通人烟。
西当太白有鸟道，可以横绝峨眉巅。
地崩山摧壮士死，然后天梯石栈相钩连。

——节选自李白《蜀道难》

这几句说蜀地原来很偏僻，后来付出巨大的代价，才有人能通行。也就是说即便现在难走，毕竟还是能走的，原来只有鸟才能飞过去。

剑阁峥嵘而崔嵬，一夫当关，万夫莫开。
所守或匪亲，化为狼与豺。

——节选自李白《蜀道难》

"一夫当关，万夫莫开"原来是李白首创的啊，佩服佩服，"诗仙"果然不是凡人。

锦城虽云乐，不如早还家。
蜀道之难，难于上青天，侧身西望长咨嗟！

——节选自李白《蜀道难》

第七章 "金龟换酒"留美谈

这首诗**一气呵成**，骈散结合，文笔纵横，气象宏大，把李白横溢的才华展露无遗。

贺监一口气读完，伸出大拇指连点一万个赞，并叹曰："子谪仙人也！"意思就是能写出这样的文章，你真不是人啊，你是天上下凡的神仙啊！

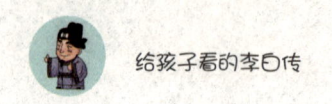

贺知章很激动，说："走，老弟，我请你喝酒去，今天我买单，别和我抢哟！"

于是，他们来到酒馆要酒点菜，哥俩开始喝了起来。

要知道那年的贺知章已经 83 岁，在那个"人到七十古来稀"的时代，这绝对是寿星级别的。而那年李白 41 岁，是贺知章孙子辈的人。但人贵在相知，年龄不是鸿沟。

两人边喝边聊，直到尽兴。贺知章到吧台结账，一摸口袋，嘿，没带钱包。那时候还不能用某宝、某信转账，怎么办呢？

贺知章说："我今天先签字，明天来结账，你放心，我是守信好公民。"可酒店老板不让，说："你这么大年龄难道还想吃霸王餐？你不付钱，信不信我让你上黑名单？"

那时那地，贺知章太囧了，说好的请人家李白吃饭，你这没钱算怎么回事，可不能让李白小朋友笑话。他忽然摸到自己身上带着的一个金龟饰物，就对老板说："我用这金龟抵账，这可是纯金，怎么样？"

老板一看，这金龟，够他们两人在饭店吃一年了，高兴得合不上嘴，一口应允。

后来大家听说贺监请李白喝酒，还用金龟当酒钱，都感到很惊奇，"金龟换酒"的故事流传开来，成了人们的一大谈资。在称赞贺监的同时，李白的名气更大了。

第八章
终于见到你

等了一段时间之后,李白终于见到了大唐的玄宗皇帝。

玄宗皇帝见一个职场小白其实是一件平常的事,但玄宗皇帝给了李白一次与众不同的可以让他吹一辈子的接待。

一名太监先把李白领到大明宫的金銮殿。从前殿的台阶上,李白可以看到远处的皇城景观:一座座宫殿飞檐斗拱,池塘和湖面覆盖着莲叶,溪水和小河两岸柳枝低垂,远处一座白塔尖出现在树梢顶端。李白走进大殿,瞥见正前方一位男子端坐在宝座上,身穿大红锦袍,胸前绣着一条金龙,头戴黑帽,帽子正中镶嵌一枚白玉。那人脸部线条柔软,眼睛下有松弛发灰的眼袋。想必这就是皇帝了。见到李白,皇帝竟从宝座上起身,走下殿来,亲自迎接李白,并双手握住李白的手,说:"小伙子,好好干,我看好你哟。"

> 我在江湖上听过你。

> 幸福来得太快,就像龙卷风。

幸福来得太突然,李白还处在幸福的眩晕中,下一波幸福跟着袭来。皇帝让李白坐在他旁边的位置,这样他们可以一边交谈一边分享菜肴。

这就是无上的礼遇了,估计整个大唐除了李白,也就杨玉环有这待遇了。皇帝身边的人一个个惊得目瞪口呆,眼珠子都快掉出来了,别说职场小白,就是李林甫那样的重要员工也没这待遇啊。

皇帝还对李白说:"卿是布衣,名为朕知,非素蓄道义何以及

第八章 终于见到你

此？"意思是，你是个职场小白，但作为老大的我却能知道你的名字，说明你这个小伙子不一般啊，跟着我好好干吧，你的未来是远大的，前途是光明的。

李白欣喜若狂，都不知道说什么好，只是一个劲儿地点头："嗯嗯嗯嗯嗯……"

第二天，长安各大媒体在头版头条争相报道此事：

《大唐每日要闻》：玄宗皇帝平易近人，亲切接见职场小白。

《大唐天天要知道》：喜逢盛世，皇帝礼贤下士；何其幸运，李白恰遇明君。

……

> 李兄，我可是你爸爸的三姨妈的四表舅的远房邻居。

呵！

总之李白出名了,火了,成红人了,更有很多权贵主动来与他结交,而那些人在多年之前大多是对李白嗤之以鼻的。

对此,李白曾写诗:

当时笑我微贱者,却来请谒为交欢。
——节选自李白《赠从弟南平太守之遥二首》

还有:

王公大人借颜色,金璋紫绶来相趋。
——节选自李白《驾去温泉后赠杨山人》

当然,李白知道这些人不是真的朋友,他们看重他是因为玄宗皇帝看重他。一旦自己失势,他们还会改回原来的嘴脸。

第九章
其实你不懂我的心

玄宗皇帝让李白"供奉翰林，随时待诏"，于是李白搬进了翰林院。"翰林院"听起来很有学问，但实际上就是一群**鱼龙混杂**的奇人异士的组合。说白了这些人在这里就是陪皇帝玩，让皇帝高兴。

它不同于翰林学士。翰林学士的职责是给皇帝写诏书等，相当于皇帝的机要秘书，一般是兼职，由朝廷官员担任，选拔有严格的制度。

在翰林院有些人让李白感到不舒服甚至难堪。除了意料之中的学者、画家、书法家和雕塑家之外，还有僧人、风水师、专司占星术和算命的，甚至有一个人声称自己已经活了三千多岁。大家都没有正式的官衔，朝廷只是像养着一批娱乐杂耍的人一样豢养着他们，他们表面上是官员，实际上与仆从没多大差别。玄宗皇帝召李白来，

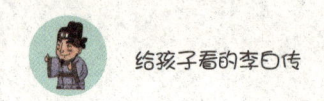

主要是看中他有才，会写诗，想让他记下自己所创建的太平盛世，为自己**歌功颂德**，没打算对李白委以重任。

李白对翰林院里大部分所谓的"特殊人才"都瞧不上眼。因为李白和一般人不一样，他的理想是"愿为辅弼，使寰区大定，海县清一"，他在一首诗中写道：

如逢渭水猎，犹可帝王师。

——节选自李白《赠钱征君少阳》

第九章　其实你不懂我的心

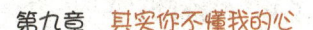

大意是如果能遇到周文王①那样的君主,他想当帝王的老师。

可见李白的理想是高远的,目标是远大的。但理想丰满,现实骨感。玄宗皇帝给他的定位是文学侍从,就是写几篇好的文章就可以了,根本就没打算让他参与政事。

渐渐地,李白发现皇帝整天陷在温柔富贵乡里,拜倒在杨玉环的石榴裙下,对国家大事不是很上心,对此,他颇有看法,曾写下《阳春歌》:

长安白日照春空,绿杨结烟垂袅风。
披香殿前花始红,流芳发色绣户中。
绣户中,相经过。
飞燕皇后轻身舞,紫宫夫人绝世歌。
圣君三万六千日,岁岁年年奈乐何。

——李白《阳春歌》

"春天的长安城很美,太阳照,花儿笑,柳树抽芽了。皇帝

① 周文王(前1152年—前1056年):姬姓,名昌,周朝奠基者,在位50年,礼贤下士,广罗人才,是中国历史上的一代明君。

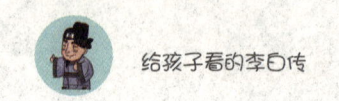

的房间里,既有美人曼妙的舞姿,还有大唐金嗓子在歌唱。圣明的君王长命百岁,每一天都不辜负这大好时光啊。"

李白这是在委婉地表达对皇帝荒废国事的不满。

皇帝对李白的宠信使他获得了很高的地位与名誉,但同时也招来了很多人的嫉妒。有的人常在皇帝身边说他的坏话,对他指指点点,这让李白很不爽。

在一首关于翰林院的诗《翰林读书言怀,呈集贤诸学士》中,李白写道:"青蝇易相点,《白雪》难同调。"李白说的是,我和你们不是一路人,不要嫉妒我,功成之后我就到河边钓鱼去,不和你们一起玩了。

第九章　其实你不懂我的心

追求诗和远方去啦！

　　这就是李白，个性鲜明，有啥说啥，从不遮遮掩掩。但你把别人比作苍蝇，这同事关系能处好吗？

　　李白每天都期盼皇帝宣其上朝，这样他就可以向皇帝呈上自己关于治理国家的看法。

　　没多久，李白就接到命令要他跟皇室一起去长安西北的骊山。骊山冬暖夏凉，是一个季节性度假胜地。山脚下修了一处大型行宫，里面有豪华的浴池，蓄满了温泉水。在最热和最冷的月份，皇室都会来这里的宫殿。现在冬天即将到来，皇帝和贵妃要在此地过冬。

起初，李白很高兴能离开翰林院一阵子。他相信只要与皇帝多亲近，他就有机会跟皇帝直接陈述自己的政治观点和抱负。他不愿只当一个诗人，而渴望成为一个能名垂青史的政治家。但这次旅程实际上就是一次大张旗鼓的奢华之旅。

前往骊山的路上，皇家仪仗队浩浩荡荡，一路鼓号齐鸣，各色旌旗随风招展，几乎遮天蔽日，威严的皇家骑兵卫队前后簇拥。骊山宫殿华丽绚烂，李白所见到的各处无不极尽奢侈，这里伙食也比翰林院的好，每顿饭都有美酒相配。在行宫住下几天后，皇帝就赐给所有随行官员三个恩典：先是一个丰盛的宴会，然后第二天和皇帝一起攀登、游览骊山，最后下山泡温泉。

李白沉浸在这种奢华与舒适中，和皇帝泡完温泉后，他提笔写下了《温泉侍从归逢故人》：

汉帝长杨苑，夸胡羽猎归。
子云叨侍从，献赋有光辉。
激赏摇天笔，承恩赐御衣。
逢君奏明主，他日共翻飞。

——李白《温泉侍从归逢故人》

大意是，我就像当年的扬雄，他陪汉武帝打猎，我也陪在皇帝

第九章 其实你不懂我的心

左右,而且我写了一篇很好的文章,皇帝还表扬了我,赏赐了我一件锦袍。兄弟,我在皇帝这里是能说上话的,改天我跟皇帝说说,把你提拔起来,咱们兄弟有福同享。

所有官员都感到皇恩浩荡,高高兴兴地享受皇帝的恩赐。但几天后,李白渐渐感到坐立不安,问侍从,皇帝何时上朝。

侍从一脸懵。他们说,皇帝和贵妃来这里是休息的,不会上朝或听政。李白就像其他人一样尽情享受就好,至于远在京城的政务和军务,自有宰相李林甫和内侍监高力士负责,李白最好遵循这里的惯例,不要乱来,否则会给大家惹麻烦。

李白慢慢认识到,无论跟皇帝多么接近,他永远都不会有机会展现自己的政治观点。显然皇帝不想谈论朝政,特别是不想听到一些忠言逆耳的话。他只喜欢被奉承和夸赞包围着,只关心如何享乐。李白别无选择,此时只能像别人一样唯唯诺诺、唯命是从。

第十章
此靴一脱天下知

天宝三年春日的一天，兴庆池东沉香亭前的牡丹开了，有红、紫、浅红、白四种颜色，花开得艳丽、妩媚，惹人喜爱。那时的牡丹叫木芍药，只在宫廷和达官贵人家里才有种植，一般人看不到。刘禹

想要贵妃姐姐的美貌。

第十章　此靴一脱天下知

锡描写的"唯有牡丹真国色,花开时节动京城"的情景,那得是中唐以后的事了。

虽说牡丹花开没"动京城",但惊动了爱美的玄宗皇帝。他和花一样的杨玉环到沉香亭一同饮酒赏花。花色诱人,花香醉人,花如美人,美人胜花,玄宗皇帝沉醉其中,人生是何其美好啊!

看到玄宗皇帝和杨玉环如此高兴,在一边侍候的大唐第一音乐家李龟年准备率领梨园①弟子唱歌奏乐助兴。但演出还没开始,玄宗发言了:"赏名花,对妃子,焉用旧乐词为?"意思就是花这么好,人这么美,怎么能用以前的歌词呢?有点创新精神好不好?

玄宗皇帝于是派李龟年去找翰林李白,让李白入宫写新诗助兴。李龟年赶快带人四处寻找,但那时没电话,没微信,路上也没摄像头,在偌大的长安城找个人可不是那么简单。

还好李龟年够聪明,他让人到酒馆去找,因为他知道李白爱喝酒,尤其是这段时间请李白喝酒的人特别多,他的酒场排得满满的,每天除了到宫中上班,就是在去酒馆的路上。果然,大家在一个酒

① 梨园:古代对戏曲班子的别称。梨园原是唐代都城长安的一个地名,因唐玄宗李隆基在此地教演艺人,后来就与戏曲艺术联系在一起,成为戏院或戏曲界的别称。

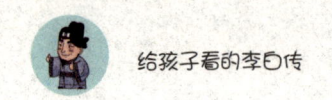

馆里找到了李白，但他那时已喝醉了。但不能等他酒醒了再见皇帝吧，那不等于放皇帝鸽子？谁有这胆子？大家只好就这样带他去见皇帝。

大家试图叫醒李白，但醉酒的李白早已**不省人事**，于是一盆冷水浇到他脸上。李白立即坐起来。李龟年告诉他，皇帝召他写新诗，他现在就得跟他们走。他们把尚未清醒的李白架进轿子里，把他带往沉香亭。轿子的颠簸让李白恶心，他忍不住呕吐，把衣服都弄脏了。

沉香亭前面是一个铺着花岗岩石板的大院子，李白在轿中又睡着了，还发出鼾声。看到醉眼迷离的李白，身上还散发着呕吐后的臭味，皇帝一时无语。高力士赶紧命人取一碗醒酒汤来。李白又吐了。侍从给李白换上新衣服，他醒了一点，但还是站不稳。高力士让侍从把他带到黄色阳伞下的一把大藤椅上。皇帝在一旁瞧着，看李白在这种情况下是否还有能力写诗。未曾想，李白这时突然抬起脚，叫高力士为他脱靴。

高力士是一名精明强干的太监，他辅助皇帝镇压了几次叛乱，最终晋升为骠骑大将军。皇帝允许高力士独立处理大部分军事事务，必要时才向皇帝报告。肃宗还是太子时，叫高力士"二兄"，年轻一代的王子、公主称他为"阿翁"，驸马们叫他"爷"，他是皇帝身边的大红人。

旁人看到李白叫高力士为他脱靴，都吓了一跳。高力士也呆住了，但他习惯为皇室服务，竟照做了，然后李白抬起另一只脚，高力士

第十章　此靴一脱天下知

也为他脱了另一只靴。

橘子皮、薄荷、水果、绿茶和蜂蜜制成的醒酒汤拿来之后，李白喝了满满一碗。他看到陛下回去找杨贵妃，贵妃站在亭子里倚着栏杆，在他们身后，大片的牡丹盛开，在微风中摇曳。

虽然喝醉了酒，但醉酒时的李白文思反而更加敏捷，他提起笔在金花笺上写了下著名的《清平调词三首》：

云想衣裳花想容，春风拂槛露华浓。
若非群玉山头见，会向瑶台月下逢。

——李白《清平调词三首（其一）》

你怎么喝醉了？有个命题作文要你写。

别慌，小场面，拿纸来！

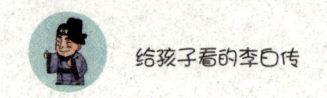

一枝秾艳露凝香，云雨巫山枉断肠。
借问汉宫谁得似，可怜飞燕倚新妆。
———李白《清平调词三首（其二）》

名花倾国两相欢，长得君王带笑看。
解释春风无限恨，沉香亭北倚阑干。
———李白《清平调词三首（其三）》

厉害了，我们的白哥，把人夸得又舒服，又不油腻，真是天才啊。果然，李白写完之后，玄宗皇帝和杨玉环很是欣赏。要不是碍于身份，玄宗皇帝都要给李白一个熊抱了，杨玉环暗暗地点了一万个赞。

歌词有了，立刻叫人谱成曲，玄宗也亲自吹起玉笛，玉环手持葡萄酒，跳起浑脱舞，李龟年用他那浑厚的声音唱出了盛世大唐的赞歌。

李白坐在那里，手持酒杯，看着在场的几个人：玄宗皇帝——大唐第一音乐家；杨玉环——大唐第一舞蹈家；李龟年——大唐第一歌唱家。他们如痴如醉，沉迷其中。

尽管皇帝对李白的诗才赞叹不已，但他看到李白对高力士不敬也心存嫌隙。私底下皇帝跟高力士说李白："此人固穷相。"用现在的话说就是"天生穷酸样"。据说，皇帝精通相面，他对李白的看法似乎是准确的：李白一生的确从未真正富裕过，他在接下来的

第十章 此靴一脱天下知

几年里曾短暂地宽裕过，但很快就潦倒了。皇帝的话也许是为了安抚高力士，但另一方面也体现了当时统治者对艺术家的普遍态度：不管李白多有天赋，在皇帝看来，他仍是寒微子弟。才华本身没多大价值，皇帝内心可能永远也不会把李白看成一个可以辅佐自己的治国将相之才。尽管李白后来在朝廷还有一些出色表现，但脱靴事件直接导致李白的政治生涯受到影响。这一猖狂行为制造了一个经久的传奇，激发了后人无穷的想象和对李白不畏权贵的佩服之情，但羞辱高力士只让当时的大多数人觉得李白轻率无礼。

第十一章
酒中八仙人

俗话说"物以类聚，人以群分"，这是有道理的。喜欢下棋的聚在一起，成为棋友；喜欢写文章的聚在一起，成为文友；喜欢旅游的聚在一起，成为驴友；喜欢喝酒的聚在一起，自然就成为酒友。

李白的忘年交贺知章就是一位爱酒人士，在他的介绍下，李白又认识了几位**志同道合**的人，他们建了个叫"饮中八仙人"的组织，大家经常在一起交流喝酒心得，总结喝酒经验，为了避免**纸上谈兵**，他们经常在生活中进行实践。只要组织中有人提议喝酒，必"一呼七应"。

李白本就爱喝酒，再加上近期遭人谗言，理想和现实渐远，心里不痛快，和几个好友一起喝酒的频率更高了。他们在一块儿喝酒的情形，被李白的小粉丝杜甫很生动地记了下来，那就是名传后世的《饮中八仙歌》：

第十一章 酒中八仙人

> 知章骑马似乘船，眼花落井水底眠。
>
> ——节选自杜甫《饮中八仙歌》

贺知章喝醉酒后骑在马上，晃晃悠悠，就像坐在船上一样，一不小心掉到井里，他竟然在里面睡着了。

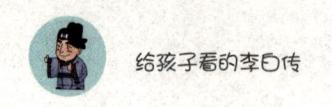

>左相日兴费万钱，饮如长鲸吸百川，衔杯乐圣称避贤。
>
>——节选自杜甫《饮中八仙歌》

左相李适之每天喝酒花的钱以万计，喝酒就像长鲸喝水一样，自己还说这样做是为了给别人做事的机会，以便自己让贤。

>宗之潇洒美少年，举觞白眼望青天，皎如玉树临风前。
>
>——节选自杜甫《饮中八仙歌》

崔宗之是一个潇洒的美少年，举杯饮酒时，常常傲视青天，那如玉树临风的样子真帅。果然，人长得帅怎么摆造型都好看。"玉树临风"这个成语由此而来，用来形容帅气挺拔的男子。

>李白斗酒诗百篇，长安市上酒家眠。
>天子呼来不上船，自称臣是酒中仙。
>
>——节选自杜甫《饮中八仙歌》

李白喝一斗酒就能写上百篇诗，喝醉了就直接在酒家睡觉，连住店的钱都省了。即使皇帝陛下亲自呼唤他上船他都不理，却说自己是酒中的神仙。杜甫不愧是李白的超级粉丝，既写出了李白的有才、爱喝酒，更写出了他豪放纵逸、不惧权贵的形象。

这里只引用了这首长诗的一部分，不能不说，杜甫就像个高明

第十一章 酒中八仙人

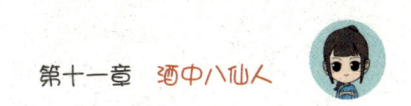

的画家，用诗歌描画出了几个人饮酒的形象与个性，可谓**巧妙绝伦**。

李白在他们的聚会上写了很多诗，他的创造力似乎被酒精激发了，酒后的诗作常常让人感到不可思议。有些诗歌是当场写就，有些是以前写过的，但为了活跃气氛，他会再歌咏一遍。有一次，为了劝别人放开喝，他随口念道：

天若不爱酒，酒星不在天。
地若不爱酒，地应无酒泉。
天地既爱酒，爱酒不愧天。

——节选自李白《月下独酌四首（其二）》

"如果老天不喜欢喝酒，怎么会有一颗星星的名字叫'酒星'？如果大地不喜欢喝酒，怎么会有个地方叫'酒泉'？由此可见，天地都是喜欢酒的，那我喜欢喝酒就是应该的了。"

第十二章
离理想最近的时候

　　李白在翰林院里得过且过，每天下班就和朋友们过着诗中有酒，酒中有诗的生活，内心隐藏着满腹经纶无法得到施展的惆怅，不过，"机会总是留给有准备的人"，这不，机会在李白 43 岁这年的秋天终于从天而降。

　　这年秋天，一位来自远方的使者向朝廷提交了一封国书。高官们知道这位使者来自中亚某国，但没人知道具体是哪个国家，也没人看得懂这封信。使者不会说汉语，所以半个月过去了朝廷仍无法确定他的身份和使命。玄宗皇帝生气了："我大唐**人才济济**，几百万人里居然找不到一个翻译。三天之内还找不到人翻译这封信，整个中书省解散算了。"

　　大臣们在长安的大街小巷四处寻找懂这一外语的人。宰相李林甫最着急，因为他负责外交事务，如果朝廷丢脸，他第一个难

第十二章　离理想最近的时候

辞其咎。驸马爷张垍也很紧张，他掌管翰林院，那里应该有人能翻译这封信。

唐朝没有翻译也不意外。那时候交通不便，消息阻塞，中原将西部边境以外的国家统称为"番"。唐朝与其中几个国家有外交关系，但都极少来往。

在长安，当时没有一个汉人能看懂那位使者信件中的"番文"。于是，贺知章再次向皇帝推荐李白，说李白童年时曾在西域待过，可能认识这种文字，李白因此被传唤到朝廷。李白看了一眼这封信，对皇帝说这是月氏国文。当着整个朝廷的面，李白宣读了信件内容，并帮着皇帝写了回信。

皇帝很高兴，他将李白留在朝中，以继续协助对外事务，并赐李白五品冠带。李白的主要职责是总结概括大臣奏表，以及替皇上起草诏书。在长安待了一年多，李白终于能近距离观看大唐高层参政议政过程了。

新的官职让李白喜出望外，他沉浸在乐观的幻想中，甚至认为自己已成为高层中不可替代的一员。他不再只是一个翰林，而是一个真正的官员，拥有值得尊重的品级和很高的俸禄。他计划一年内储蓄足够的钱买个宅子，然后把孩子们接到京城。

不过，直率又狂放的李白，在京城的这一年，得罪了不少人。比如之前喝醉了让帮着脱靴的高力士，比如宰相李林甫，他们都觉得李白喜欢制造麻烦，下决心要找机会除掉这个眼中钉。

除了高力士和李林甫外，其他权势人物也不喜欢李白。李白每天醉醺醺的状态让人觉得他不可靠,所以每当商讨重大议题时,高官们总会把他支开。他们不希望他参与朝政,因此李白很少有机会发言。

李白渐渐感受到了周围人对自己的忌妒和恶意,他在《玉壶吟》中写道:"君王虽爱蛾眉好,无奈官中妒杀人。"每当他想要有所作为时,都会有人出来制止。他开始消沉,失去了耐心和信心。一天早上,李白到大明宫听取大臣报告民情,听皇帝下诏。皇帝突然宣布他打算对吐蕃用兵,说近几十年来吐蕃对唐朝构成了威胁。皇帝命令王忠嗣领兵攻打吐蕃的一个名叫石堡城的地方。

王忠嗣已在和突厥、吐蕃等的交战中打过许多胜仗。听到皇帝下了这个命令,他脸色一沉,上前一步对皇帝说:"我非常愿意出兵。但是现在边境经常在打仗,百姓**怨声载道**,现在出兵,会动摇国本。"

王忠嗣的坦率言辞深深打动了李白。他刚想站出来声援王忠嗣,随即看到皇帝一脸不快,所以李白犹豫了一下。宰相李林甫开始责怪王忠嗣,说他竟敢违抗圣命。其他一些朝臣和官员加入了辩论,大多数人附和皇帝,支持攻打吐蕃。

但王忠嗣还是认为石堡城易守难攻,数万名士兵会为此丧命。李白想要跟这些人辩论,但他的朋友崔宗之(就是那位被杜甫描述成"玉树临风"的男人)把他拉住,小声对他说别**轻举妄动**。

最后,王忠嗣双膝跪地对皇帝说:"我不是贪生怕死,我只是为那些因为战争失去家庭的人们可怜啊!"说完,王忠嗣咚的一声跪下对着皇帝磕头,直到额头上沾满了鲜血。皇帝的确知道王忠嗣

第十二章 离理想最近的时候

的勇敢和能力,而且是看着他长大的,私下里也喜欢他,但是他在朝堂上公然违抗命令,皇帝很生气,站起来示意退朝。

晚上,一向**疾恶如仇**的李白辗转反侧,打算给皇上写一篇奏表替王忠嗣说话。他正在桌边**奋笔疾书**时,崔宗之来访,叫他不要与这件事有牵扯。崔宗之家族在朝廷数代为官,眼看着皇帝这十多年来的变化,深知那个英明神武的玄宗皇帝虽仍睿智,但早已不再是以前那个尽职尽责、仁慈宽容、致力于国家安全和繁荣的君主。皇帝不好好修身养性,却宠溺爱妃,饮酒作乐,乱用各种所谓的长生不老药,梦想着永远活下去。

崔宗之告诉李白,杨贵妃早已对他不满,随时都会加害于他。他现在违逆皇帝命令的话,会让对方抓住把柄。李白听从崔宗之的话,罢笔不写了。他感到**势单力薄**,敌人力量如此之大,如果联手对付自己,自己肯定**不堪一击**。

这是李白一生中离自己梦想最近的时候,但他发现,明明已经站在了朝堂上,却依然离梦想如此遥远,怎么也无法说出自己的治国之策,无法实现自己的理想。

事情果然如王忠嗣所料,顶替他的哥舒翰在付出了数万人伤亡的代价后,才攻取了石堡城,却并没有对唐朝与吐蕃战局产生多大的影响。

第十三章
月光下，一个人的酒局

在长安时间长了，李白初来的兴奋渐渐过去，他也渐渐明白了当时朝廷的形势。

在皇帝身边工作当然很好，工作稳定，工作时间自由，社会地位高，不用看别人脸色，反而有很多人来拍他的马屁，出入还有车，不用像以前那个冯谖一样弹着把破剑，总说"食无鱼""出无车"。

如果是普通人，有这样一份求之不得的稳定工作定会万分珍惜。李白却不高兴，因为皇帝给他的不是他想要的。不高兴又不能直接说，他只好用喝酒的方式来抒发自己的不满。

而此时，喜欢李白的贺知章已经 84 岁，正准备**告老还乡**。贺老退出"酒中八仙人"组织之后，组织立刻冷清了不少，李白感到很伤心，常常在夜晚独自喝闷酒。

第十三章 月光下，一个人的酒局

花间一壶酒，独酌无相亲。

举杯邀明月，对影成三人。

月既不解饮，影徒随我身。

暂伴月将影，行乐须及春。

我歌月徘徊，我舞影零乱。

醒时相交欢，醉后各分散。

永结无情游，相期邈云汉。

——李白《月下独酌四首（其一）》

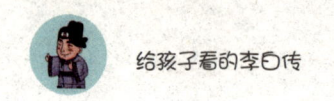

有花有酒，人生何其美！只是没有亲朋好友，不免遗憾。李白自是有办法，邀月对影便成了三人，不得不佩服太白兄惊人的想象力。

诗人喝到兴起之时，横跨酒坛、歌坛、舞坛的"三栖"巨星本色就自然流露了出来。他边喝边唱边舞："你们不来，我一个人'嗨'。清醒时我们共同欢乐，酒醉以后各奔东西。希望这样的日子没有尽头，我们相约在茫茫的天河中相见吧。兴尽之后，各自分散，约好在遥远的未来，还能一起'嗨'。"

一个人喝酒能喝出这种境界的只有李白了。且不管它人生短暂，月亮永恒，只要杯中有酒，天上有月，胸中有诗，便是最好的生活。

李白的这首诗发表之后，好评如潮。几百年之后的苏轼，更是用"明月几时有，把酒问青天"这样的词句向前辈致敬。

李白和大将郭子仪还有一个流传甚广的故事。一天，李白和一群官员经过一个小镇时，看到一队手持长刀的士兵押解一辆囚车，囚笼里站着一个犯人，像是一名军官，身后插着一块木牌。这是一个死囚，正被押往刑场。

李白上前与队伍头领交谈，得知这名罪犯叫郭子仪，是哥舒翰将军麾下的一名副手。郭子仪的军队不小心在兵营烧毁了大量军队物资和帐篷，因此被判处死刑。

李白见此人**虎背熊腰**，一副**铁骨铮铮**的模样，应当是一位有作为的军事人才，于是向哥舒翰将军求情。但哥舒翰说自己不能破例释放郭子仪，因为他的军队需要纪律。只有皇帝可以赦免这样的罪犯。李白恳求他至少推迟处决，哥舒翰同意了。

第十三章 月光下，一个人的酒局

李白一回长安，就起草了一封奏章，请求皇帝赦免郭子仪，说郭子仪面目威武、谈吐不俗，日后必将成为一名出色的将领，对皇朝未来有用。皇帝欣赏李白的才华，同意赦免郭子仪。十年后，郭子仪果然成为唐军的主要将领，与东北叛军作战，帮皇室收复了失地。虽然当时没人能预见这一点，但通过挽救郭子仪的性命，李白也算是为朝廷立下了大功。

而李白"无心插柳"的这一举动，日后也挽救了他的性命。

第十四章
世界那么大,我想去看看

李白在长安看起来过得不错:皇帝喜欢他,他看似能随便出入宫门;经常有酒局,喝醉了皇帝也不生气;工作很轻松,写几首诗就完成自己的任务,还不用加班。

可事实上李白心里苦,一方面皇帝没给自己安排理想的工作,只是让他整天跟在皇帝后面拍马屁,他不屑于这样的工作;另一方面很多人嫉妒他,经常说他的坏话,这让李白心里窝火。这种生活不是他想要的,这时他有了离开的想法。

不久,他的好友元丹丘也离开了长安,李白觉得再在长安待下去也没意思,虽然可以锦衣玉食,但这并不是他想要的。犹豫之后,他终于向皇帝递上了辞职报告:世界那么大,我想去看看。

玄宗皇帝知道杨贵妃厌恶李白,还有其他不少亲近重臣也不喜欢李白,平常对他没有好话;再加上李白确实常常贪杯醉酒,也许

第十四章 世界那么大，我想去看看

会闯祸，所以皇帝连惯常挽留的话都没说，就直接批准了，但皇帝还是赏赐给李白不少钱财作为退休金。此外，李白还获得了"无忧学士"的称号。虽然只是一个名义上的荣誉，但只有李白得到了这样的头衔，就肯定了他对大唐文化事业的贡献，让他在回家的路上可以逢坊吃酒，遇库支钱。

李白在长安待了一年多的时间，从刚开始的"仰天大笑出门去"到离开时的"赐金放还"，他虽没能实现自己的理想，但作为一个文人，他却达到了登峰造极的程度。长安生活，使李白名满天下。

尽管玄宗皇帝很给面子，让李白体体面面地离开，但他离开时心情并不好。到处干谒，四方云游，多年努力，终究没能实现自己

给孩子看的李白传

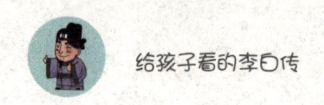

的志向,他内心是很苦闷的。

他的朋友们为他搞了一个很隆重的送别仪式。在这场酒宴上,李白有感而发,写下千古名篇《行路难》:

金樽清酒斗十千,玉盘珍羞直万钱。
停杯投箸不能食,拔剑四顾心茫然。
欲渡黄河冰塞川,将登太行雪满山。
闲来垂钓碧溪上,忽复乘舟梦日边。
行路难!行路难!多歧路,今安在?
长风破浪会有时,直挂云帆济沧海。

——李白《行路难》

我要这把宝剑有什么用?!

第十四章　世界那么大，我想去看看

"朋友们很够意思，他们为我准备了最好的酒，用玉盘盛的美味佳肴价值万钱，这情谊也是没谁了。但我却喝不下酒，吃不下饭。我离开座位，抽出宝剑，心里想着，剑在手，问天下谁是英雄。但我却不知宝剑该刺向何方，内心一片茫然。"

看来李白的心情确实不好，要搁平时，面对美酒佳肴，他早就"一饮三百杯"了。

想要渡过黄河却是坚冰满大川，想要登上太行山却是大雪封山。李白这是多衰啊，这是喝口凉水都塞牙的节奏啊。"路那么难走！那么难走！岔路又那么多，我太难了，敢问路在何方啊？但不管怎样，我相信总会有驾长风破万里浪的时候，到那时我一定会挂起船帆横渡沧海，驰骋于天地间。"

这是典型的李白式诗句，即便路再难走，形势再不好，心情再糟糕，也挡不住他的万丈豪情。

第十五章
两个巨星的相遇

　　李白人生有两大理想,第一个是"治国平天下",现在失败了。他开始追求第二个理想:得道成仙。辞职后,李白并没有回家去,而是开启了求道云游之路。

　　744年夏,李白来到洛阳,好朋友崔成甫热情地招待了他,李白见到好友自是很高兴,他写下了诗歌《赠崔侍郎》。

　　在洛阳,李白有众多的粉丝,当时的他已是名满大唐,又因为在皇帝身边混过,听说李白要来洛阳,当地文学圈一阵轰动,朋友们打算为李白举办一次接风晚宴。

　　在接风宴上,李白遇到了杜甫。

　　杜甫比李白小11岁,相当有才华,20多岁就写出了后来闻名天下的《望岳》,这首诗在写泰山的诗词排行榜上长期高居榜首,连李白也自叹不如。但杜甫深深地崇拜、敬重李白,他赞美李白的

第十五章　两个巨星的相遇

诗歌是"笔落惊风雨，诗成泣鬼神"。

这是李白初次和杜甫相逢。他们不知道，他们的这次会面将成为中国几千年文学史上一件里程碑式的事。

关于他们的相逢，闻一多先生曾有过这样的描述：四千年的历史里，除了孔子见老子，没有比这两人的会面更重大、更神圣、更可纪念的。譬如说，青天里太阳和月亮碰了头，那么，尘世上不知要焚起多少香案，不知有多少人要望天遥拜，说是皇天的祥瑞。

把他们比作太阳、月亮的碰头，跟孔子和老子的会面相提并论，可见他们的见面对后世影响之大。

李白那时已是天下皆知，是重量级网红人物。杜甫名气远远不如李白，参加了一次"高考"也没考上，名气也不够大，混得不是很好。

他们的诗歌风格也不一样，李白作诗轻松自如，而杜甫对自己的诗歌总是不断沉吟推敲，他为自己作诗定下一个原则："为人性僻耽佳句，语不惊人死不休。"作诗风格也反映了他们的个性——一个自由自在、无拘无束；一个谨慎自律、一丝不苟。

但真正的友谊是会超越年龄和地位的。李白对这个比自己小11岁的小弟青眼相加，杜甫也以仰慕的眼神来看自己的偶像。两人一见如故，在洛阳纵马狂奔、吟诗喝酒，玩得逍遥自在，友情日深。

一个夏天两人没疯够，还相约秋天同游梁、宋，就是今天的开封和商丘。两个人又是打猎又是饮酒，又玩了个**昏天黑地**。杜甫还写诗记录下了当时的情景。

给孩子看的李白传

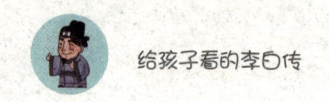

> 来当我粉丝后援会会长怎么样？

> 啊啊啊，好激动，我终于见到男神了！

余亦东蒙客，怜君如弟兄。
醉眠秋共被，携手日同行。
——杜甫《与李十二白同寻范十隐居》

在梁、宋的时候，他们又遇到了高适。高适的边塞诗很有名，他的《别董大二首（其一）》非常流行，"莫愁前路无知己，天下谁人不识君"后来常常被人们在送别时吟诵。高适后来做了地方节度使，成了大唐高官，大权在握。

但那时候他还没牛起来，混得也不好，虽然很有才，"高考"

第十五章　两个巨星的相遇

却没过关,到处流浪,甚至有时候饭都吃不上,靠种地为生。他性格开朗,为人仗义,和杜甫是好朋友。

三个人见面后志同道合,**惺惺相惜**,决定一块儿玩耍。他们的组合也由哼哈二兄弟变成铿锵三人行。队伍壮大了,也更热闹了。他们登上古吹台,多年之前著名乐师师旷曾在吹台吹箫,而今三兄弟在台上吹牛,他们纵论古今,尤其对玄宗皇帝谈论颇多。

后来他们受单父县尉陶沔的邀请前往单父县,陶沔就是李白加入的"竹溪六逸"群聊中的一位,他重筑春秋时期单父宰宓子贱所建的琴台,此台前方后圆,形似半月,所以又叫"半月台"。

李白、杜甫、高适、陶沔共登琴台,吟诗喝酒,他们四个组了个团,叫"半月台四君子"。

李白还写了一首诗《登单父陶少府半月台》,其中有这么几句:

陶公有逸兴,不与常人俱。

筑台像半月,迥向高城隅。

——节选自李白《登单父陶少府半月台》

几个人痛痛快快地玩了一段时间,高适就离开了。毕竟他年纪也不小了,还要寻找自己的出路。李白和杜甫这两兄弟继续一块儿寻仙访道,甚至一度有隐居的想法。之后两人分别,杜甫去拜见了李邕,而李白因为之前和李邕有矛盾,自是不愿见到他。

我和他性格不和，你去吧。

偶像，我们去拜访下李邕吧。

杜甫和李邕年纪差很多，但友情很深，李邕非常赏识杜甫，杜甫也很钦佩李邕，两人惺惺相惜，喝酒谈诗，相处融洽。

尽管和李邕玩得很高兴，但杜甫还是很想李白，就约他到兖州相聚。在兖州，杜甫再次见到李白，很高兴。李白也很高兴，还写了一首诗送给杜甫。

饭颗山头逢杜甫，顶戴笠子日卓午。
借问别来太瘦生，总为从前作诗苦。

——李白《戏赠杜甫》

第十五章　两个巨星的相遇

两人在兖州又策马扬鞭地疯了一段时间，日子过得那叫一个逍遥快活。但天下没有不散的筵席，再好的朋友也不可能永远在一块儿。

杜甫还年轻，他要想实现自己的理想，西入长安是唯一的路径。而李白刚从帝国权力中心回来，知道里面**风高浪急**，**钩心斗角**，他要去北方寻找大师。

杜甫写了一首诗送给李白。

> 秋来相顾尚飘蓬，未就丹砂愧葛洪。
> 痛饮狂歌空度日，飞扬跋扈为谁雄？
> 　　　　　　　　　　——杜甫《赠李白》

分别的日子总是很快就到来了，在兖州城东石门，两个朋友不得不面对离别，尽管这样的离别李白重复过许多次，也写过许多的送别诗，有的诗甚至把一个毫无名气的人捧得大红大紫，成为网红。但每次的离别李白都很痛心，因为他的感情都是那么深，那么认真。面对杜甫这个小弟，李白再一次有感而发，脱口而出：

> 醉别复几日，登临遍池台。
> 何时石门路，重有金樽开。
> 秋波落泗水，海色明徂徕。
> 飞蓬各自远，且尽手中杯。
> 　　　　　　　——李白《鲁郡东石门送杜二甫》

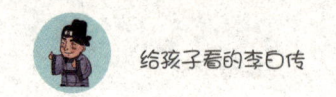

分别之后,李白一路向南去江东,对杜甫的思念如滔滔江水连绵不断。到了沙丘城,李白给杜甫写了一首诗《沙丘城下寄杜甫》,诗里写道:"思君若汶水,浩荡寄南征。"

李白思念杜甫,杜甫更是记挂着李白,对李白的思念几乎伴随了杜甫的一生。他写给李白的诗有十几首:《冬日有怀李白》《春日忆李白》《梦李白》《送孔巢父谢病归游江东,兼呈李白》《不见》《天末怀李白》等等。

冬天想李白,春天想李白,做梦梦李白,送朋友时又想起了李白……无须多言,这感情,太深了!

第十六章
潜心修道，认真炼丹

　　李白和几位好友在济南的一次聚会中遇到了李邕。二十多年前李邕曾拒绝过李白，觉得年轻的李白无论为人还是作诗都轻浮庸俗、粗野狂妄。现在，李邕年事已高，白发苍苍，老眼昏花，却对李白充满钦佩。他听说了李白在朝廷上戏弄高力士，后来从翰林院辞职，一首接一首的诗歌杰作不断推出。他看到李白，对李白深深鞠了一躬。他喜爱李白，同样都是读书人，他打心眼儿里认同李白对待权贵的傲慢和挑衅的态度。李白立即认出李邕，也鞠躬还礼。他们开始交谈，回忆起往事。李邕略带尴尬地说自己还保存着李白当年在渝州赠给他的诗歌，现在看来终于证明了自己当时确实**有眼无珠**。

　　两人都仰头大笑。李白说自己那时也是**年少轻狂**，不过又补充说，这一毛病似乎至今也没改正多少。两人又笑了起来。李白在聚会上很快就喝醉了。

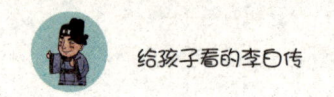

不久后朋友们陆续离开,李白也回到了兖州的家中,他翻修了房子,又买了一些田地。这些田地的租金为他之后的旅行提供了保障。李白还建了一座酒肆,命名为"天下第一酒楼"。名字口气不小,但地方并不大,饭厅里只有几张桌子。它坐落在一个斜坡上,坐在酒店里用餐,可以看到附近的泗水和远处如同风中闪烁的丝带一般流动的汶水。运气好的时候,还隐隐约约可以看见远处的泰山。

李白除了在自家酒楼招待亲朋好友以外,也常常住在那里,他希望自己"长醉不复醒"。

安顿下来的李白,很快开始为自己的"得道成仙"之路**孜孜不倦**地努力了。

"得道成仙"方法一——吃仙丹飞升。就像嫦娥奔月里嫦娥吃的仙丹一样,李白相信这种药丸能让自己飞升天界并从此不朽。他在诗歌中憧憬这种神奇的幻术:"安得不死药,高飞向蓬瀛"(《游泰山六首·其四》);"安得生羽毛?千春卧蓬阙"(《天台晓望》)。这种药不仅旨在延长生命,也能让人产生瞬间的幻觉,飘然欲仙。

李白成年后,常服用这类仙丹,甚至上瘾。但现在他要自己制造这种药。制药的过程和材料都十分复杂讲究。首先材料珍贵,配方里有金、银、珍珠、白玉、云母、朱砂,都是贵重的物品。这些东西最后放在炉子里炼制时,还需添加价格不菲的药引:枸杞、百合、红芹、黄精、虫草。其次各种工具器皿也都得精心挑选,不能大意,有炼炉、窑、细筛、玉刀、陶罐、铁锅、磨刀石、镜子、炊具、黄铜盆、竹盆。

第十六章 潜心修道，认真炼丹

然而，这些炼制出的药品的质量却没有药监局来监测评估。有人根据颜色和光泽对仙丹进行等级划分，但这种分类没有实验基础。李白经常服用这些不知质量如何的粉剂丸剂，不但没有达到延年益寿的效果，反而损害了健康。再加上长期酗酒，李白的健康前景令人担忧。但李白自信地称自己为炼丹大师。他经常在胡乱吃自己炼制的丹药后产生幻觉，还认为这是药丸起作用了。

这种药丸在唐代诗人中很流行，许多人吃这些药物上瘾甚至一命呜呼。事实上，唐朝有五位皇帝死于仙丹中毒。诗人白居易也有朋友因为吃这种仙丹中毒而亡。

唐代以后，越来越多的人开始意识到这种丹药的毒性，这些东西也就慢慢退出历史，不再有人服用。

"得道成仙"方法二——修道。李白潜心研究道法，还撰写了一篇关于道教信仰的长文，名为《道书》，但这篇作品后来失传了。

第十七章
梦游天姥,再次启程

也许是因为乱吃丹药,也许是因为过度饮酒,44岁那年夏天,李白生病了。他一连数月卧床不起,老是做奇奇怪怪的梦。在梦里他飞升成仙,遇到了各种神灵。随着梦境,一首惊世名篇横空出世:

> 海客谈瀛洲,烟涛微茫信难求。
> 越人语天姥,云霞明灭或可睹。
> 天姥连天向天横,势拔五岳掩赤城。
> 天台四万八千丈,对此欲倒东南倾。
> ——节选自李白《梦游天姥吟留别》

"海外来客们说瀛洲仙山是那样的虚无缥缈,难辨真假。但越中的人推荐的天姥山,在云雾之中有时能够看见。那天姥山和天相连,

第十七章 梦游天姥，再次启程

高过五岳，遮住赤城。连那四万八千丈高的天台山，和天姥山相比也好像要向东南倾斜拜倒一样。"

> 我欲因之梦吴越，一夜飞渡镜湖月。
> 湖月照我影，送我至剡溪。
> 谢公宿处今尚在，渌水荡漾清猿啼。
> 脚著谢公屐，身登青云梯。
> 半壁见海日，空中闻天鸡。
>
> ——节选自李白《梦游天姥吟留别》

"在梦中我一下子来到了吴越，飞过明月映照下的镜湖，在湖月的陪伴下来到剡溪。湖水清澈，猿猴鸣啼，谢灵运当年住的地方还在。我穿着谢公屐，向上攀登，在半山腰就看到太阳从海上升起，空中传来天鸡的鸣叫声。"

千岩万转路不定，迷花倚石忽已暝。

熊咆龙吟殷岩泉，栗深林兮惊层巅。

云青青兮欲雨，水澹澹兮生烟。

列缺霹雳，丘峦崩摧。

——节选自李白《梦游天姥吟留别》

"很快就天黑了，山上熊叫龙吟等等各种声音很吓人，还有电闪雷鸣，山摇地动。"

洞天石扉，訇然中开。

青冥浩荡不见底，日月照耀金银台。

霓为衣兮风为马，云之君兮纷纷而来下。

虎鼓瑟兮鸾回车，仙之人兮列如麻。

——节选自李白《梦游天姥吟留别》

"神仙们的气场很大，用彩虹做衣裳，将风作为马，连老虎们都变得乖巧可爱，给仙人们弹着琴瑟，凡人们都见不到的鸾鸟给仙人们驾着车。"

忽魂悸以魄动，恍惊起而长嗟。

惟觉时之枕席，失向来之烟霞。

世间行乐亦如此，古来万世东流水。

第十七章 梦游天姥，再次启程

别君去兮何时还，且放白鹿青崖间，须行即骑访名山。

——节选自李白《梦游天姥吟留别》

"我梦到这里的时候，忽然醒了，原来梦中的一切都消失了，我还是躺在枕席上。这个梦让我明白，世间的快乐就像梦中的仙境一样，都会像流水一样逝去。我现在告别东鲁的各位朋友，不知什么时候才能回来呢。姑且把我的白鹿放到青崖下吧，我想要远行时就骑着它访问名山。"

按理说诗写到这儿也差不多可以结束了，毕竟梦也醒了，大好河山也写了，作者追求闲适自由的意思也表达了。但如果这样结束就不是李白了，看看诗仙是怎么结尾的：

给孩子看的李白传

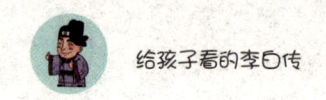

> 安能摧眉折腰事权贵,使我不得开心颜!
> ——节选自李白《梦游天姥吟留别》

"我怎么可能点头哈腰地去侍奉权贵,如果那样的话我就不开心了。"

这很"李白"——蔑视权贵、风骨傲岸。管你是谁,如果不能平等对我,我还看不上你呢。

梦醒后的李白给自己的好哥们儿元丹丘发了条消息:哥,我想去越中转转,约吗?

元丹丘很快回复:没问题,不见不散啊,兄弟!

李白别了东鲁的朋友们,乘船沿运河南下,经扬州等地去和元丹丘会合。在会稽,这哥俩终于见面了。李白的忘年交贺知章退休后也住在会稽,李白自然是要去拜访的。

等他带着好酒准备和贺知章大喝一通时,才知道贺老在回到会稽的当年就去世了。李白伤心不已,一边喝酒一边写下《对酒忆贺监二首(并序)》悼念他。

后来孔巢父也来凑热闹,几个朋友一块儿游览兰亭、禹穴、剡溪,在镜湖上荡舟。优美的景色,朋友的情谊,诗酒的乐趣,使李白近来的郁闷情绪一扫而空。

第十八章
长安不见，愁煞谪仙

　　进入天宝年间，李林甫更加权势熏天，嚣张跋扈。由于玄宗皇帝年纪大了，又拜倒在杨贵妃的石榴裙下，经常不上朝，国家大事主要由李林甫处理。李林甫大肆提拔他的党羽，排斥不听他话的人，打击提意见的人，把朝廷弄得乌烟瘴气。

　　皇太子李亨（就是以后的唐肃宗），是未来的皇帝，李林甫甚至不把李亨放在眼里。这家伙诬陷李亨的舅子韦坚和朝廷大臣勾结，目的是嫁祸李亨，想把他给废掉，逼得李亨和太子妃离婚才算躲过一劫。

　　皇太子尚且如此，别人就更不用说了，李林甫和当时的北海太守李邕不对付，竟找碴把李邕给杖死了。

　　747年，李林甫又干出一件荒唐事。玄宗皇帝想招徕天下人才为朝廷服务，为国家发展出力，于是就让天下有一技之长者来长安

参加考试，给予考得好的人优渥的待遇。

这本来是件好事，但皇帝却任命李林甫主管这件事。这个嫉贤妒能的家伙，因为自己的亲信没有被录用，那一届考生竟然一个都没被录取。

堂堂的一次全国性考试一个也不录取真是滑天下之大稽。在给皇帝的回复中，李林甫是这样解释的：野无遗贤。通俗一点说就是：皇上啊，在您的英明领导下，全国的人才都已经来上班了，剩下的那些都是歪瓜裂枣，不值得录取啊。

这样荒唐的言论皇帝居然相信了，看来他的眼里只有杨贵妃，耳朵也只听得进《霓裳羽衣曲》了。

李林甫所说的"歪瓜裂枣"中也包括杜甫，因为那年他也参加了考试，李林甫一句"野无遗贤"就让杜甫在长安蹉跎了十年。

第十八章　长安不见，愁煞谪仙

那时的李白身在金陵，听到这些消息除了一声叹息，又能如何呢？叹息声很快被风吹散，是传不到长安去的。那天，他登上金陵的凤凰台，眼前山河无限，历史上这里也曾**风云际会**，再联想自己的遭遇，李白思潮万千，一首传世之作流于笔端：

凤凰台上凤凰游，凤去台空江自流。
吴宫花草埋幽径，晋代衣冠成古丘。
三山半落青天外，二水中分白鹭洲。
总为浮云能蔽日，长安不见使人愁。
——李白《登金陵凤凰台》

"浮云"指的就是李林甫那样的当权小人，就是他们把大唐弄乱了啊。虽然身为布衣，但李白心里时刻装着天下，装着他的大唐。

给孩子看的李白传

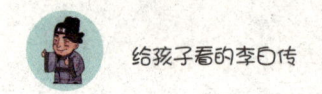

在金陵，李白遇到他的好朋友崔成甫。崔成甫也和李林甫不对付，因此被李林甫从都城长安撵到地方去了，路过金陵时遇到李白。这哥俩都是天涯沦落人，有的是共同的话题。他们在桨声灯影里的秦淮河上泛舟饮酒，通宵唱歌，引得岸上的人驻足观看，并给他们鼓掌点赞。在此期间，崔成甫给李白写了一首诗《赠李十二白》。来而不往非礼也，李白也回复了一首《酬崔侍御》。瞧这哥俩，一唱一和，玩得不亦乐乎。

一个人能有几个知心朋友，在一块儿饮酒喝茶，谈诗论文，那是一件多么快意的事情啊。

劳劳亭

哎！人生难得是欢聚，唯有别离多。

第十八章 长安不见，愁煞谪仙

在金陵流连时，很多朋友来了又走，送别几乎成了李白生活中一件很重要的事情，而劳劳亭不知见证了多少离情别绪。

天下伤心处，劳劳送客亭。
春风知别苦，不遣柳条青。

——李白《劳劳亭》

这一年，又一个朋友将要离开，李白到城外送别。城外风光无限，但离情凄凄。满怀着留恋与不舍，李白写下：

青山横北郭，白水绕东城。
此地一为别，孤蓬万里征。
浮云游子意，落日故人情。
挥手自兹去，萧萧班马鸣。

——李白《送友人》

第十九章
唐朝日衰，漫游幽州

由于唐玄宗**好大喜功**，守边的大将为了获取军功，四处出击，和别人打仗。一开始还能把别人揍得鼻青脸肿，后来因为李林甫、杨国忠这俩家伙把朝廷弄得乌烟瘴气，大唐军队的战斗力直线下降，结果就是从揍别人变成了到处挨揍。

751年，唐朝发生了几件尴尬事。

先是剑南节度使鲜于仲通带兵攻打南诏，八万大军浩浩荡荡来到云南。南诏王阁罗凤很害怕，就想求和。但鲜于仲通很牛，仗着人多势众不同意。结果一开打，唐军大败，死伤六万多人。杨国忠把失败的事隐瞒不报，还大肆征兵准备再次攻打南诏，弄得民怨沸腾，杜甫的《兵车行》就是反映的这件事。

后来大唐名将高仙芝攻打大食（唐宋时期，阿拉伯帝国的号称），也是大败，三万人只回来几千人。要不是手下大将李嗣业勇猛，高

第十九章 唐朝日衰，漫游幽州

仙芝可能就回不来了。

还有就是安禄山这家伙，没事找事，为了自己升官发财，带兵六万攻打契丹。本打算去偷袭的，但老天爷不帮他，下了几天的大雨，战士的弓弦松弛，拉不开弓。在战场上武器不行那还怎么打仗？按理说赶快撤回来就行了，可这家伙为了立功，硬是吹起了冲锋号，结果就是契丹反冲锋，成功逆袭，唐军大败，安禄山一个人跑了回去，成了光杆司令。

一连串的失败给唐朝造成了很不好的影响，当然影响最大的还是老百姓，战争的结果最终还是会转移到他们身上。到处游历的李白听到这些消息除了叹息，开始有了新的想法。他年轻时曾想"书剑许明天"，"书"这条路走不通，那就尝试一下"剑"这条路吧。

去前线杀敌！

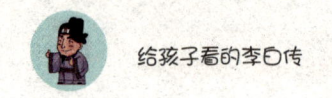

在唐朝时，很多人就是在"高考"这条路走不通的情况下，去边疆寻找机会，比如岑参，就是那位写下"忽如一夜春风来，千树万树梨花开"的大咖。因为这样既能立功，还能见识边疆奇异风光。

这时，范阳节度使判官何昌浩邀请李白去幽州，李白很高兴，决定前往，并留诗：

有时忽惆怅，匡坐至夜分。
平明空啸咤，思欲解世纷。
心随长风去，吹散万里云。
羞作济南生，九十诵古文。
不然拂剑起，沙漠收奇勋。
老死阡陌间，何因扬清芬。
夫子今管乐，英才冠三军。
终与同出处，岂将沮溺群？

——李白《赠何七判官昌浩》

大意就是我不想做一个一辈子死读书的书生，我要拿着宝剑到战场上杀敌，那是一件多么痛快的事情。昌浩兄你有管仲、乐毅的才能，今后我就跟你混了。

51岁的李白，依然豪情万丈。

李白在北上途中，路过邯郸。邯郸当地的长官正在阅兵，邀请李白前往观看。李白**兴致勃勃**地观看。看着勇猛的将士们，李白**心**

第十九章 唐朝日志，漫游幽州

潮澎湃，之后写下《登邯郸洪波台置酒观发兵》，在诗里李白表达了想上前线的想法，他要到燕然山记功而返。

李白边走边游玩，752年十月，他来到幽州。此时的幽州，天地辽远而广阔，吃了一个夏天肥美的草，马儿强壮健硕，正是打猎好时节。那些在边境长大、不认识几个字的男儿，却是骑马打猎的高手。他们喝酒驾马、箭无虚发的样子真是很酷啊。

在幽州，李白还写下咏雪名句"燕山雪花大如席，片片吹落轩辕台"，这是只有在北方才能见到的壮阔景色，读来让人振奋。

待了一段时间之后，李白发现情形不大对头，他从很多方面都感觉到安禄山要造反。其实有这种预感的人不止李白，很多人心里都明白安禄山早晚要反，但没人敢说，因为只要有人给玄宗皇帝说

安禄山要反，玄宗皇帝就把那人送到安禄山那里，任凭安禄山处置。

李白看着朝廷自我毁灭式的行为，自己却毫无办法。他常常因为对国家的担忧而夜不能寐，愤而写下诗歌：

去年战桑干源，今年战葱河道。
洗兵条支海上波，放马天山雪中草。
万里长征战，三军尽衰老。
匈奴以杀戮为耕作，古来唯见白骨黄沙田。
秦家筑城避胡处，汉家还有烽火燃。
烽火燃不息，征战无已时。
野战格斗死，败马号鸣向天悲。
乌鸢啄人肠，衔飞上挂枯树枝。
士卒涂草莽，将军空尔为。
乃知兵者是凶器，圣人不得已而用之。

——李白《战城南》

这首诗中提到的许多地理名称都在西北边疆，给人的印象是战场无边无际。李白不能遏制他对朝廷这些盲目军事行动的愤怒，立场坚定地站在士兵和人民一边。这是他诗歌中全新的内容，现在他已彻底摆脱了早期作品的自然清丽。他的诗歌变得更加质朴和真实，他的声音变得更加低沉、洪亮、悠扬，充满了悲悯真挚的情感。

同一时期，李白的好友王昌龄先是被流放到岭南，在几年前又

第十九章 唐朝日意，漫游幽州

被重新启用回到了京城，但最近又被贬谪，据说是"不护细行"，也就是生活小节不够检点，显然是他得罪了朝廷里某些有权势的人。听到自己的朋友去了一个偏远小县龙标（今湖南洪江），李白为朋友写了一首诗：

> 杨花落尽子规啼，闻道龙标过五溪。
> 我寄愁心与明月，随风直到夜郎西。
> ——李白《闻王昌龄左迁龙标遥有此寄》

李白当时不会想到，自己多年后也将被流放夜郎。李白没办法预见自己的不幸会比朋友的更大，他在诗中所做的就是向王昌龄保证，他们的友谊，就像明月一样纯洁，困难总会过去，但友谊将一直持续。

第二十章
游至宣城，独坐敬亭

　　753 年秋，李白的从弟李昭任宣城长史，邀请他前去游玩。喜欢旅游的李白一口答应。宣城不但风景优美，而且他的偶像谢朓曾任宣城太守（人称"谢宣城"），此去也可以凭吊一番。

　　到宣城，敬亭山是李白的必去之地。谢朓当年任太守时，多次登上敬亭山，并留诗纪念。两百多年后，李白登上此山，只见高山巍峨，树木葱茏，流水潺潺，只是不见当年的谢朓。他想到自己身负大才，却多年流离，得不到重用，不由悲从心起。他和当年的谢朓有类似的经历，也许能懂他的只有谢宣城，只有眼前的敬亭山吧。

> 众鸟高飞尽，孤云独去闲。
> 相看两不厌，只有敬亭山。
>
> ——李白《独坐敬亭山》

第二十章 游至宣城，独坐敬亭

　　李白的诗一出，叫好声一片。至此之后，有一种孤独叫"相看两不厌，只有敬亭山"。四百多年后，"词中之龙"辛弃疾更是用"我见青山多妩媚，料青山见我应如是"向李白致敬。

　　有时李白心情烦躁，就到宣城附近的村庄和县城走走。宣城旁边的南陵县、秋浦县、青阳县、泾县他都去过。泾县的县令汪伦学识渊博、性格开朗，多年以前就很喜欢李白的诗歌，所以李白的来访对他来说是个大事。汪伦请李白去一个叫作"桃花潭"的村庄小住几日。那里风光秀丽，李白天天如过节般享受美酒美食。三天后，李白登船离开时，汪伦邀请了一群村民突然聚集到水边，为李白表演了一场名为"踏歌"的民间歌舞。他们一边歌唱，一边挥动双臂，又拍手又踢脚，亲切地望着李白笑。这是当地人送别客人的传统仪式。李白感动得当场作诗一首，这首诗又成为他**脍炙人口**的作品之一。

　　　　李白乘舟将欲行，忽闻岸上踏歌声。
　　　　桃花潭水深千尺，不及汪伦送我情。
　　　　　　　　　　　　　　——李白《赠汪伦》

　　这年秋天，李白的一位故人李云来到宣城，李白热情招待了他。几天之后，李云将要离开，李白在谢朓楼为他送行，并写了著名的送别诗：

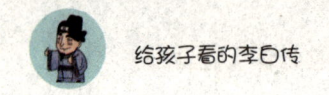

弃我去者，昨日之日不可留；

乱我心者，今日之日多烦忧。

长风万里送秋雁，对此可以酣高楼。

蓬莱文章建安骨，中间小谢又清发。

俱怀逸兴壮思飞，欲上青天览明月。

抽刀断水水更流，举杯消愁愁更愁。

人生在世不称意，明朝散发弄扁舟。

——李白《宣州谢朓楼饯别校书叔云》

李白在宣城及周边地区度过了一些静好的时光，但他还是心系京城，渴望听到长安的消息，然而这里离朝廷如此遥远，李白几乎绝望了。

与世隔绝的小镇又让李白觉得抑郁憋闷，不能实现政治理想让他觉得自己每天都在虚掷光阴，这种美好的生活似乎毫无意义。

第二十一章
战火离乱，诗酒漂泊

年历很快翻到了 754 年。

这一年，那个因《黄鹤楼》而闻名天下的崔颢去世了；那个写出"忽如一夜春风来，千树万树梨花开"的岑参再度出塞，成了大将封常清手下的一名判官，继续为前程而努力；那个被皇帝赐名"杨国忠"的家伙进位司空，更加**炙手可热**；那个叫安禄山的大胖子愈发受到宠信，他进入长安，被封为左仆射，在玄宗皇帝面前扭着三百多斤重的身躯跳着胡旋舞，引得皇帝哈哈大笑。

世事在变，不变的是李白的生活，他依旧漂泊，依旧壮志难酬，依旧报国无门，他只能把烦闷寄托于山水，寄托于诗酒。

这年五月，李白来到扬州，他在繁华街头徘徊时，迎面一个人把他当街拦住，那人说道："李偶像，我终于找到你了。"

那人是来自王屋山的魏万，很有才华，自称王屋山人，也是**恃**

>放尊重一点儿。

>我终于追星成功了!

才傲物的人,但他很崇拜李白,是李白的超级粉丝。为了见偶像一面,他从王屋山出发,历时大半年,终于在扬州追上了日思夜想的李白。

要知道那时没有飞机、高铁,全靠两条腿走,这是多么有毅力的事情,也可见李白的魅力之大。李白既感动又高兴,两人到酒馆中畅饮一番,越说越投机。李白说:"尔后必著大名于天下。"意思是,小伙子,我看好你哦,你将来会有出息的。果然几年之后,魏万顺利通过"高考",高中进士。

两人的共同语言很多,于是一块儿来到金陵。魏万告诉李白,他听人说晁衡回国时在海上遇难了。晁衡就是历史课本上所学过的阿倍仲麻吕,是日本遣唐留学生。这哥们儿很牛,完成学业之后留

第二十一章 战火离乱，诗酒漂泊

在唐朝，并参加大唐"高考"，居然通过了，这得让多少学子汗颜啊。之后他做了官，和李白、王维、储光羲等人是好友。

听到这个消息，李白很伤心，他和晁衡在长安时是同事，曾一块儿喝酒吟诗，关系不错，于是李白写了一首诗悼念他。

日本晁卿辞帝都，征帆一片绕蓬壶。
明月不归沉碧海，白云愁色满苍梧。

——李白《哭晁卿衡》

其实晁衡并没有死，他坐的船触礁之后漂到越南，之后他又辗转回到了长安。他历经玄宗、肃宗、代宗三朝，终老长安。

晁卿回到长安后，看到李白为他写的诗，那是各种感动，于是写下了著名的《望乡》。

我还活着！

给孩子看的李白传

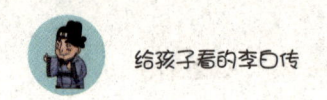

闹了乌龙的李白当时并不知情，满满的忧伤笼罩心头。他看到魏万这个年轻人很可靠，就把自己的诗词授予魏万，让他结集出版。魏万临走前，李白写长诗《送王屋山人魏万还王屋》给他送别。

这一年的大唐进行了一次人口普查，户部报告的人口数创造了唐朝新的人口纪录。作为衡量国力的重要指标，人口的增长说明大唐依旧繁荣，但繁荣的外表下却已是暗流涌动。

朝廷内杨国忠**飞扬跋扈**，人们敢怒不敢言；东北边疆，安禄山手握重兵，随时准备叛变。只是那个大唐的皇帝还浑然不知，洗着温泉浴，观着美人舞，生活乐无边。

李白看到这些，却苦于无法面见帝王诉说，只能通过写诗来委婉地表达。

> 小时不识月，呼作白玉盘。
> 又疑瑶台镜，飞在青云端。
> 仙人垂两足，桂树何团团。
> 白兔捣药成，问言与谁餐？
> 蟾蜍蚀圆影，大明夜已残。
> 羿昔落九乌，天人清且安。
> 阴精此沦惑，去去不足观。
> 忧来其如何？凄怆摧心肝。
>
> ——李白《古朗月行》

第二十一章 战火离乱，诗酒漂泊

这并不是一首单纯的咏月诗，而是寄寓着李白对当时形势的看法。前半部分隐喻开元盛世在诗人心目中如朗月般明亮；后半部分隐喻天宝后期的现实，用蟾蜍喻安禄山、杨国忠这样的奸臣。

李白这是在暗示皇帝，别再沉醉在温柔乡里了，快醒醒，起来办公了。

这年剑南留后李宓率兵七万击南诏，结果全军覆没，很多家庭因此妻离子散。但杨国忠却隐瞒真相，继续攻打南诏，前后死伤二十万人，给唐朝造成巨大损失，却无人敢报告给玄宗皇帝。

知道这消息时，李白正漂泊到南陵，虽不在其位，但他关心国家的心却从未改变。国家有难，一个有报国之志的人却只能眼睁睁地看着，那是一种怎样的愁绪啊？

白发三千丈，缘愁似个长。
不知明镜里，何处得秋霜？
　　　　　　　　　——李白《秋浦歌（其十五）》

第二十二章
流离失所，逃难庐山

755年十一月初九，蓄谋已久的安禄山反了，他率领十五万大军很快横扫河南、河北，两个月时间就占领了东都洛阳，那气势，用"秋风扫落叶"来形容一点都不夸张。

安禄山是有实力造反的，他身兼范阳、平卢、河东三镇总司令，手下兵力十五万，且个个**骁勇善战**。再加上这家伙野心大，和杨国忠等人有很深的矛盾，各种因素综合起来，安禄山决定造反，他要自己当皇帝，让别人都成为他的手下。

对于安禄山造反，李白早有预见，但真发生时还是有些吃惊。那时他正在金陵，知道消息后赶紧北上，接上此时的妻子宗氏经洛阳西上华山，在华山暂时居住下来，并写有：

西上莲花山，迢迢见明星。

第二十二章 流离失所，逃难庐山

> 素手把芙蓉，虚步蹑太清。
> 霓裳曳广带，飘拂升天行。
> 邀我登云台，高揖卫叔卿。
> 恍恍与之去，驾鸿凌紫冥。
> 俯视洛阳川，茫茫走胡兵。
> 流血涂野草，豺狼尽冠缨。
>
> ——李白《古风（其十九）》

诗的前半部分写他遇到美丽的神仙姐姐，邀请他一块儿来到空中。后面写他在空中看到洛阳到处是安禄山的兵及血流成河的惨状。可见安史之乱给国家造成的伤害。

756年，李白看到形势不对头，华山并不是安全的地方，于是和妻子一块南下宣城，途中写有《奔亡道中五首》。这几首诗写的是李白逃亡途中的所见和所感。"一切景语皆情语"，因心里充满愁绪，浩荡的湖水、青青的芦叶，此时在他的眼中也满是哀切，他的心不知该归向何处。停下马来歇息，却不知路在何方，这时，偏偏又传来子规鸟的哀啼，令人难以忍受。

这是李白当时的真实感受，国家遇难，民不聊生。作为一个有着"治国平天下"抱负的人，他渴望做点什么来帮助这个国家，但现在他自身难保，当务之急是为自己和家人寻找一个安身之地。

其实李白应该感到庆幸，因为相比其他人，他这都不叫事。那一年，杜甫准备去灵武投奔李亨，刚从奉先的家里出来，就被叛军

抓进长安，失去自由。而王维、储光羲等人更惨，被抓后送到洛阳，被强迫加入安禄山叛军，成了"伪官"。

那一年，将军陈玄礼率领的禁军在马嵬驿发动兵变，杀死了专权误国的杨国忠，并迫使玄宗皇帝缢死了杨玉环。

也是在那一年，皇太子李亨和他老爹玄宗皇帝**分道扬镳**，李亨北上灵武，成了前线抗敌总指挥，并在不久后由朔方军郭子仪、李光弼等人拥立为帝，迫使唐玄宗退居二线。大唐的格局有了**天翻地覆**的变化。

这些事情李白当时不知道，其实知道了又能怎样，徒生感慨罢了。为了躲避战火，他和妻子来到庐山，在屏风叠筑屋，定居下来。

庐山风景优美，李白在此写下了一首非常优美的小诗。

第二十二章 流离失所，逃难庐山

秋风清，秋月明，

落叶聚还散，寒鸦栖复惊。

相思相见知何日？此时此夜难为情！

入我相思门，知我相思苦，

长相思兮长相忆，短相思兮无穷极，

早知如此绊人心，何如当初莫相识。

——李白《三五七言》

此诗写在深秋的夜晚，诗人望见了高悬天空的明月和栖息在已经落完叶子的树上的寒鸦，也许在此时李白正在思念一个旧时的友人，也许他正在担心远处的战火，此情此景，不禁让诗人悲伤和无奈。这是典型的悲秋之作，秋风、秋月、落叶、寒鸦烘托出悲凉的氛围，加上诗人奇丽的想象和对自己内心的完美刻画，整首诗显得凄婉动人。

大约在这一时期，李白还写了《菩萨蛮·平林漠漠烟如织》和《忆秦娥·箫声咽》两首词。这两首词的地位相当高，被后人誉为"百代词曲之祖"。

平林漠漠烟如织，寒山一带伤心碧。暝色入高楼，有人楼上愁。

玉阶空伫立，宿鸟归飞急。何处是归程？长亭更短亭。

——李白《菩萨蛮·平林漠漠烟如织》

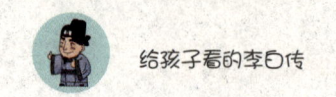

"树林里烟雾迷蒙,远处山色碧绿,暮色渐渐地笼罩了高楼,有一个人在楼上独自哀愁。在玉石做的台阶上,她一个人站在那里,凝视远方,看到鸟儿在急急地飞回巢穴。可她回家的路在哪里?目之所及,看不尽的是长亭和短亭。"

箫声咽,秦娥梦断秦楼月。秦楼月,年年柳色,灞陵伤别。
乐游原上清秋节,咸阳古道音尘绝。音尘绝,西风残照,汉家陵阙。
——李白《忆秦娥·箫声咽》

"箫声呜咽,秦娥从梦中惊醒,一轮明月,高悬楼外,她想到了那柳色青青,和那灞陵的伤别。清秋节时的乐游原上,游人如织,只有她孑然一身。咸阳古道上音信早已断绝,只有西风轻抚,残阳渐沉,还有那汉家帝王的陵墓和宫阙。"

太白兄,厉害呀!不但诗写得好,词同样出色,给太白兄点赞。

第二十三章
永王三顾，误上贼船

756年，玄宗皇帝到蜀地后，发布了一道命令，大意就是任命李亨为兵马大元帅，负责收复长安、洛阳，任命永王李璘为四镇节度使，负责江淮地区，作为战略预备队。玄宗皇帝这样安排，是有一定道理的。

可尴尬的是，在此之前的几天，李亨已经在灵武宣布继位，并尊玄宗为太上皇，也就是说玄宗事实上是被退位、被迫退居二线了，他发布的命令李亨是不会承认的。

但李璘承认，他率军沿长江东下，打着玄宗的旗号扩大兵力，不久就来到了浔阳。听说李白在庐山隐居，李璘派自己的谋士韦子春三次到庐山屏风叠请李白加入自己的阵营。

当时的形势是肃宗皇帝自行在灵武即位，换句话说那是自己给自己封的皇帝，不符合法定程序。因此肃宗很在意玄宗和别人的态度。

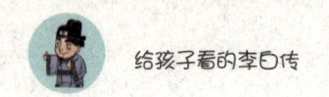

永王没他的命令就招兵买马，明显不听他的，因此他们兄弟间肯定要打一仗。

但李白看不到这一点，也许是他太想施展自己的才能，实现"使寰区大定，海县清一"的理想了，他一开始也有些犹豫，但禁不住永王的再三邀请，终于答应了，他在给韦子春的诗中写道："谢公不徒然，起来为苍生。"他认为，现在国家有难，我不能推三阻四，我要拯救天下黎民百姓。

但李白当时的妻子宗氏却为此事和李白争吵不休。她认为，丈夫加入永王的阵营风险太大，李白根本不懂政治，不知道这个领域有多危险。更何况，长安已有新主，李白不能帮助永王反对肃宗皇帝。

第二十三章　永王三顾，误上贼船

她希望丈夫留在家里，跟她一起修道。李白无法说服妻子，但因为自己在国家危难之际没有任何作为而感到痛苦甚至内疚。他没有认清帝王间的亲情之薄弱，认为他们都是李唐王朝的家庭成员，他们都在行使父皇给予自己的权力。在他看来，加入永王阵营，就是报效国家。他觉得应该置国家利益于个人利益之上，这是他向皇室表达忠诚的方式。

李白执拗不听，最后妻子只能让步，同意李白先去看一下，如果永王不能好好重用他，就马上回来。

李白出门时非常得意，临别前，他给妻子宗氏写了《别内赴征三首》。在去九江的路上，李白也为韦子春写了一首诗，最后用这句话结束："终与安社稷，功成去五湖。"（《赠韦秘书子春》）经历了数十年的挫折和失望，李白还是同一个人，他的思想和人生观丝毫没变，他仍梦想上朝堂、辅君王、建立伟业，然后功成身退，成为传奇。

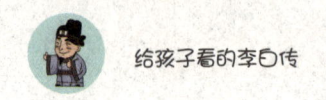

到了九江，李白看见永王的庞大水军船只，兴奋不已。在主战舰上，永王和他的文臣武将为李白准备了欢迎宴会。最后一支舰队到达时，船上传来阵阵战鼓声，四处奏响号角。在宴会上，乐师们演奏横笛和琵琶，一群舞姬随之起舞。虽然永王没有给李白任何封号和官位——这表明这位诗人只是永王阵营的文化标志——但李白兴高采烈，一直围绕他的治国方策高谈阔论。他甚至称永王的舰队为"皇家部队"，称永王为"天子"，完全认定自己是在帮助唐王朝重振雄风。他在宴会上写了一首诗，赞美永王是中原的救世主。

然后，李白继续写了一系列十一首《永王东巡歌》。这些诗都在为永王——一位正在分裂国家的皇子歌功颂德。李白称他为"圣主"和"贤王"，他甚至写到，永王的部队将一直打到长安，向天子致敬。而这些诗，后来成了李白入狱的证据。

第二十四章
锒铛入狱，众人相助

757年二月，肃宗李亨和永王李璘在丹阳开战，兄弟俩的战争呈现一边倒的局面，肃宗轻松击败永王。永王失败后南逃被杀，李白也被关进了浔阳的监狱，一个无比喜爱自由的人失去了自由，其心情可想而知。他在狱中给很多人写了求救信，几乎都石沉大海。

他也给高适写信。高适多年前曾和李白、杜甫同游梁、宋，裘马轻狂，结下了深厚的友谊，而高适此时是镇压李璘的高级指挥官，颇受倚重，如果他能给李白求情，应该是很有分量的。李白给他写信时也许还回忆了他们当年同游的场面，那么温馨的场景想必也是高适难以忘记的。但信寄出之后，就没有然后了。

李白对好朋友的冷漠感到极度震惊，看来有的友谊，只能同欢乐。于是他挥笔写下了《君马黄》这首诗：

君马黄,我马白。

马色虽不同,人心本无隔。

共作游冶盘,双行洛阳陌。

长剑既照曜,高冠何赩赫。

各有千金裘,俱为五侯客。

猛虎落陷阱,壮夫时屈厄。

相知在急难,独好亦何益。

——李白《君马黄》

直到今天,李白的一些崇拜者还在谴责高适背叛了李白。其实高适向来对朋友有情有义,他接济贫穷的杜甫,为之建造了一间小屋,还安排其家人拿粮食救济。可见李白这次确实错得有点儿离谱:

第二十四章　锒铛入狱，众人相助

在举国盼望统一之际，却帮助要分裂朝廷的人。李白是唯一与永王结盟的公众人物，所有其他著名的文学家，包括杜甫，都支持肃宗。

好在有很多人愿意伸出热情的双手拉李白一把，除了他的妻子宗氏四处奔走，为丈夫托关系，跑门路，还有天下兵马副元帅郭子仪、宰相崔涣等人也积极营救他。

御史中丞宋若思更是出了大力，他想办法把李白从狱中救出，并让他入了自己的幕府。宋若思就是宋之悌的儿子。当年宋之悌被贬，李白曾写诗相送，那份温情让他的儿子宋若思多年之后也没忘记。

757年年底，皇帝处置李白的圣旨终于下达：流放夜郎。夜郎是西南部一个偏远的小县，离浔阳将近两千公里。流放已经是对李白最宽大的处罚了。皇帝将李白视为永王的帮凶，本想处死李白，是郭子仪恳求肃宗饶恕李白。据说郭子仪愿意用自己的官位来换取李白的性命。郭子仪在平定安史之乱中立下了赫赫战功，已成为朝廷上地位颇高的将领。所以皇帝终于大发慈悲饶李白不死，卖了个大大的人情。

第二十五章
流放夜郎，一路感伤

758 年，李白从浔阳启程，前往夜郎，妻子宗氏和弟弟宗璟前来送别，执手相看泪眼，其情景真是令人悲伤。

> 拙妻莫邪剑，及此二龙随。
> 惭君湍波苦，千里远从之。
> 白帝晓猿断，黄牛过客迟。
> 遥瞻明月峡，西去益相思。
> ——节选自李白《窜夜郎于乌江留别宗十六璟》

由于李白的诗歌名气很大，押解他的士兵对他很客气。根据唐朝法律，他们应该一年内到达夜郎，但法律也允许"特殊情况下"可以延期。因此李白按照自己的节奏前行——他们一路向西行船时，

第二十五章 流放夜郎，一路感伤

李白可以暂时留在岸上，想停多久就停多久——卫士可以报告说囚犯病了，不得不经常停下休养。经过一年的监禁，李白确实身体非常虚弱而且**骨瘦如柴**。他年龄也很大了，现在已是满头白发的老人。

在李白流放夜郎的路上，许多当地的官员因仰慕他，都请他喝酒，流放之路俨然成了一段旅程，也许只有李白才有这待遇吧。可尽管如此，李白的心情仍然不好，这由他写的一些诗可以看出。

这年夏天，李白来到江夏，登上黄鹤楼。和以前来这儿时的轻松、愉悦不同，此时的他郁闷、愤怒。

一为迁客去长沙，西望长安不见家。
黄鹤楼中吹玉笛，江城五月落梅花。
——李白《与史郎中钦听黄鹤楼上吹笛》

一路山高水长，李白边走边歇，边走边受到招待，一路慢慢悠悠，759年，他来到了白帝城。

漫漫人生路

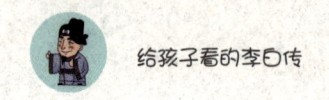

白帝城有许多名胜古迹，李白也不着急赶路，就在那里慢慢游玩。他不知道的是，几年之后，他的好兄弟杜甫也来到那里，并在那里度过了一段时光。如果李白继续龟速前行，绕道蜀地去夜郎的话，也许还会遇到杜甫呢，因为759年末杜甫就到了成都。李杜若能在那里相逢，那将是文坛又一段佳话。

李白并没有继续往前走，因为他收到了一个天大的好消息：因关中大旱，皇帝下命令："死者从流，流以下完全赦免。"李白沾了老天爷的光，他的罪被赦免了，他又恢复人身自由了。

听到这个好消息之后，刚才还蔫了吧唧的李白立刻欢呼起来，他就是那种给点阳光就灿烂的人。他马上雇船往回赶，并用诗记录下自己的兴奋之情，那就是**家喻户晓**的《早发白帝城》：

朝辞白帝彩云间，千里江陵一日还。
两岸猿声啼不住，轻舟已过万重山。

——李白《早发白帝城》

第二十六章
泛舟洞庭，谪仙归去

到了江陵之后，李白很快就到了江夏。恢复自由身之后，李白认为朝廷不会为难他了，又燃起了入朝为官的念头，于是他四处求人推荐，结果却是没有结果。李白终究是个诗人，太过天真，他被赦免完全是因为老天爷的面子，想当官，连门儿都没有啊。

这时他的一个朋友崔侍御邀他去洞庭湖玩耍，他便应邀前往。两人在浩渺的洞庭湖上饮酒赏景、月下泛舟，过得倒也逍遥。

后来，李白在这儿遇到了他的族叔李晔和朋友贾至。这对**难兄难弟**被人家从长安撵了出来，李晔被贬到岭南，贾至被贬到岳州。能在洞庭湖相聚，那也是缘分啊，几个人一块儿荡舟洞庭湖，过了几天诗酒流连的日子。

虽然自己也很烦忧，但看到贾至情绪低落，李白还是很**善解人意**，

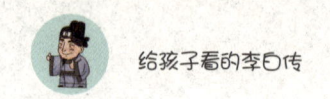

写诗安慰他。

第二年春天李白回到江夏，经过一段时间的巴陵之游，李白满血复活，他和朋友登山览迹，一路游走，一路**笔耕不辍**，随处可见他的佳作。

秋天时李白来到庐山，妻子宗氏还在庐山修道，他想到自己人生的第二大理想——修道成仙，于是信笔写下：

我本楚狂人，凤歌笑孔丘。

第二十六章　泛舟洞庭，谪仙归去

手持绿玉杖，朝别黄鹤楼。
五岳寻仙不辞远，一生好入名山游。

——节选自李白《庐山谣寄卢侍御虚舟》

"我就像那个楚国狂人接舆一样，唱着凤歌去嘲笑孔丘，干吗非要去当官呢？我手里拿着绿玉杖，一大早就辞别黄鹤楼，到五岳去寻访神仙，不怕路途遥远，我这一生就是喜欢到名山中去游玩，这是多么快乐的事情啊。"

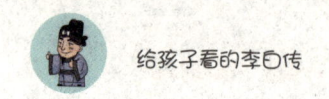

说起来很潇洒，但其实他的理想并没完全破灭，这只不过是心灰意懒时的说法，只要有机会，他还是不甘于幽居山水之间的。

761年秋李光弼在临淮驻军，和史朝义的军队对峙。那时大唐军队节节胜利，平叛工作也进入尾声。李白有了从军的想法，他前往临淮投奔李光弼，可是身体不争气生了病，只好半路回来，他这一生最后的一次为国效力机会就这样流逝了。

日历很快翻到了762年。这一年，玄宗皇帝、肃宗皇帝相继离世，大唐的皇帝换成了唐代宗。换了新皇，但大唐百姓的生活却没有改变，李白依然穷困。

这一年，61岁的李白开启了人生最后一段旅程。他先后来到历

第二十六章 泛舟洞庭，谪仙归去

阳县、宣城等地，秋天回到当涂，住在自己的族叔当涂县令李阳冰家里，此时他已疾病缠身。

李白的病情越来越重，**每况愈下**，他自知大去之期不远，就把自己的诗文交给李阳冰，请他编辑成册。

十一月，他写下《临路歌》：

> 大鹏飞兮振八裔，中天摧兮力不济。
> 馀风激兮万世，游扶桑兮挂石袂。
> 后人得之传此，仲尼亡兮谁为出涕？
>
> ——李白《临路歌》

从《大鹏赋》到《上李邕》中的"大鹏一日同风起，扶摇直上九万里"，再到《临路歌》的"大鹏飞兮振八裔，中天摧兮力不济"，李白这只人中大鹏就这样走完了自己的一生。

他有大鹏之志，身负绝世之才，想倾力于国家社稷，却报国无门，蹭蹬一生，让人为之叹惋。

他本就是"谪仙人"，来人间玩耍一番之后，又回归天宫。愿那里四季如春，他仍然豪气纵横，诗酒流连。